江西通史

——

南宋卷第一冊

鍾起煌

　　世界上的很多事情都是由機緣而起因執著而成，包括我們這部《江西通史》。

　　說由機緣而起，是因為這件事情的發生幾乎純屬偶然。二〇〇二年夏天，我和彭適凡、孫家驊同志談到江西悠久的歷史、談到江西輝煌的文化，因而產生了組織專家編撰《江西通史》的設想，彭、孫二位當即認為此舉當行而且可行。

　　說因執著而成，是因為一旦有這個想法，而且認為這是一件研究江西歷史、弘揚江西文化的重要工程，就決心去做。為此，我徵詢了周鑾書同志的意見，並邀請邵鴻和方志遠同志共商此事，得到他們的熱烈響應。二〇〇二年十月十八日，在江西省文物局和江西師大歷史文化與旅遊學院共同舉辦的全省文博教育成果展示與經驗交流會上，我向大會通報了編撰《江西通史》的意見，引起全體代表的熱烈反響，大家用長時間的熱烈掌聲表示支持，認為這是貫徹「三個代表」重要思想、全面挖掘和整理江西傳統文化、推進江西經濟文化建設的一大盛事。有了這個共識，十二月十三日，準備工作進入實質性階段。在我的主持下，召開了有關專家和編輯人員的聯席會議，對編撰《江西通史》的指導

思想、作者人選、工作日程、成果形式等具體問題展開了比較細緻的討論。二〇〇三年二月十五日，召開了第一次編撰工作會，《江西通史》的編撰工作就此正式啟動。

雖然說是機緣和偶然，但新的《江西通史》的編撰，實具備諸多因素和條件。

一、江西在中國歷史上具有重要的地位。根據最新的考古發現，在江西這塊土地上，人類的活動至少已有二十萬年歷史，它是中華民族發展史和古代文明發展史的重要組成部分；唐末五代以來，隨著全國經濟重心的南移，江西遂為全國經濟文化最為發達的省份之一，其物產之富、人才之眾，舉世矚目；進入二十世紀，江西又因為中央蘇區的建立而成為全國蘇維埃運動的中心。很難想像，在十分漫長的時段裡，沒有江西的中國歷史將會是什麼樣子。

二、文獻與實物資料豐富。江西既有「物華天寶、人傑地靈」之譽（唐王勃語），又素稱「文章節義」之邦（宋司馬光語）和「人文之藪」（清乾隆帝語），存世官修私撰文獻極為豐富。近年來一系列的考古發現，既可彌補文字記載之不足，更可與文

獻資料相互印證，為編撰《江西通史》提供了可供參考的實證材料和科學依據。

三、前期成果豐碩、學術隊伍整齊。老一輩的歷史學家仍然健在，他們不但學術積累深厚，而且對研究江西歷史有著強烈的責任心；中青年學者正趨成熟，他們繼承了前輩學者的嚴謹學風，又吸收了新的研究方法和研究技術，思維敏捷，勇於創新。在他們的共同努力下，這些年來已有大批高質量的有關江西歷史的學術成果問世，這些成果涉及江西歷史的方方面面，為編撰《江西通史》奠定了堅實的學術基礎。

四、政治環境寬鬆、經濟形勢發展。盛世修志是中國的傳統。改革開放以來，政通人和，國泰民安，江西經濟和全國一樣，有較快速度的發展。這為編撰《江西通史》提供了自由的學術氣氛和比較充裕的財力保證。近年來，江西的學術事業和出版事業取得了有目共睹的成就，連續獲得中宣部「五個一」工程獎和國家圖書獎、中國圖書獎，給江西文化藝術界和學術界以振奮，也引起了各兄弟省市的關注。這些成就的取得，為我們組織大規模著作的編撰工作提供了經驗。而周邊各省如湖北、湖南、浙江以及其他省市新編通史的紛紛問世，對《江西通史》的編撰是有力的推動，也提供了有益的借鑑。

五、從我個人來說，當時也恰恰能分出一些精力和時間來抓這件事情。於是儘力協調各方面的關係，為作者們、編者們排除各種障礙，以保證這項重大工程的圓滿完成。

四年來，《江西通史》的編撰工作得到了各方面的關心和支持。黃智權、吳新雄省長親自過問此事並指示有關部門給予支

持，省政協將其作為一件大的文化事業進行推動，省社聯將其列為重大科研項目，江西師大、南昌大學、省社科院、省文物局、省博物館和省考古所等有關單位也對參與編撰的專家們給予各種便利，出版部門派出了強大的編輯班子並準備了足夠的啟動和出版資金。特別要指出的是，各位作者在繁忙的教學和科研工作中，能夠將《江西通史》的寫作列入重要的工作計劃並全身心地投入。我在第一次全體編撰會議上指出，《江西通史》的編撰是一項挖掘和弘揚江西歷史文化傳統的千秋事業，希望作者和編者將其視為自己學術生涯中的事業。事實證明，作者和編者們後來都是這樣要求自己的。正是因為有了各方面的支持和全體編撰人員的共同努力，十一卷的《江西通史》才能順利地完成書稿並得到如期出版。

明代中期，隨著區域經濟文化的發展，修撰地方誌成為一大文化現象。各省、各府乃至各縣的省志、府志、縣誌大量湧現。此後遂為傳統。盛世修志也不僅僅限於修前朝歷史，更大量、更具有普遍意義的乃是修當代地方史。具有全局意義的江西省志也正是在這個時候產生的。自明中期以來，江西整體史著作已編撰過多部，其中著名的有：林庭㭿《江西通志》（37卷，明嘉靖四年），王宗沐《江西省大志》（8卷，嘉靖三十五年；萬曆二十五年陸萬垓增修），于成龍、杜果《江西通志》（54卷，清康熙二十二年），白潢、查慎行《西江志》（206卷，康熙五十九年），高其倬、謝旻《江西通志》（163卷，雍正十年），劉坤一、劉繹、趙之謙《江西通志》（180卷，光緒七年），吳宗慈、辛際周、周性初《江西通志稿》（9編，民國三十八年）。二十世紀

末，又有許懷林的《江西史稿》（1993 年，江西高校出版社），陳文華、陳榮華主編的《江西通史》（1999 年，江西人民出版社）問世。這些著作在保留江西歷史遺存、挖掘江西歷史文化方面作出了重要的貢獻。如何在充分吸取前人成果的基礎上有所發展、有所創新，是對新編《江西通史》的考驗。

為了使新的《江西通史》更具有時代特色和歷史價值，更具有劃時代的意義，我們對這部著作提出了以下的要求。

一、中國歷史是一個整體，我們在研究任何地方歷史的時候，都不能脫離這個整體。因此，正確認識各個歷史時期江西在全國政治經濟格局中的地位就顯得尤其重要，必須充分關注江西與中央、與周邊地區的關係，不溢美、不自卑，不關起門來論江西，將《江西通史》寫成一部與中華民族的整體有著血肉聯繫的江西歷史。

二、《江西通史》是系統記述和研究江西歷史的大型學術著作，由眾多學者共同參與完成。一方面，各卷是作者的個人成果，是作者最新研究成果的結晶，可以也應該有自己的風格和特色，所以希望作者精益求精，使其成為各自領域的學術精品。另一方面，甚至更為重要的是，它又必須是一個整體，是一部「通史」，所以全書十一卷必須有統一的體例和統一的要求，在文風上一定要力求簡潔、明快。各卷作者務必服從整體、服從大局，使自己的作品成為整個《江西通史》的有機組成部分。

三、《江西通史》必須是一部真實、動態、有可讀性的信史。所謂真實，是指史料翔實、言必有據。此「據」是經過考證後認為合理的，否則，「盡信書則不如無書」（孟子語）。這就需

要每個作者既儘可能地系統爬梳和挖掘史料，又謹慎辨析和使用史料。所謂動態，是指用發展的眼光看問題，既將問題放在特定的歷史背景之下，又特別關注它的演進過程，因為即使是同一件事物，其狀態和作用也是隨著時間的推移和社會的變遷而變化的。這就需要每個作者以歷史唯物主義和辯證唯物主義的觀點和方法去闡釋歷史、去探討歷史演進的規律。所謂有可讀性，是指應該用流暢的文字、敘述的方法寫作，展示的是作者的觀點和結論，而不是考辨的過程，它的體例是史書而不是論文。無圖不成書。圖文並茂是中國出版物的優良傳統和重要特點，《江西通史》應該在儘可能的情況下，收集能夠說明江西歷史各階段各方面狀況的歷史圖片，以加強其歷史感和可信度，同時也使其更具有可讀性。

四、以人為本，以民為本，以基層社會為本。所謂以人為本，指的是要寫成人的歷史，以人的活動為描述對象，即使是制度、習俗，也應儘可能地有人的活動。所謂以民為本，指的是儘可能地站在大眾的立場上來敘述歷史、看待歷史，更多地敘述大眾的活動。所謂以基層為本，是因為地方史本身就是基層乃至底層的歷史，要儘可能地揭示基層組織和底層社會的活動狀況。在此基礎上，充分重視統治者和社會菁英對社會的主導作用，重視自然環境、人文環境，特別是包括傳統價值觀念和現實政治制度等在內的上層建築對個人、對大眾、對底層的影響和制約作用，寫成一部上層建築與經濟基礎互動、國家權力與基層社會互動、社會菁英與人民大眾互動的歷史。

十一卷本《江西通史》即將付梓，我們希望它的出版能夠成

為江西歷史研究的新的里程碑、能夠成為江西文化史上的一大盛
事。當然，能否達到這個目標，還要由讀者和歷史來檢驗。

南宋（1127-1279），是中國歷史上的一個重要朝代。它的統治地域主要在江南，比北宋轄區小，比漢唐元明清更要小，但其政治、經濟、文化思想的水平卻相當高，不僅超越了前代，有不少內容甚至元明清也趕不上。整個江南大地的快速發展，在江西地區有充分的表現。江西社會在南宋時期的進步，得益於國家全局形勢的推動，也是在本身已有基礎上的繼續演進。儘力展示南宋江西地區的社會狀況，是中國區域社會歷史研究的重要課題，對全面認識南宋社會的豐富內涵，也是十分有益的。

一

南宋偏安江南，與之並立的地方政權，先有北方新起的金朝，打進汴京，俘虜徽宗、欽宗，滅了北宋，隨後才有南宋，因而他們是世仇，長期在戰爭與和議之間對峙。宋金之間的戰爭與抗衡經常處於嚴峻狀態，給南宋的社會發展產生了十分複雜的影響。都城在今天寧夏銀川市的夏朝，因為南宋沒有能夠守住祖宗時代的「家業」，退處長淮以南，與西夏沒有邊界接觸，故而相互沒有爭端。西南方面，雲南有大理政權，西藏地區有吐蕃政

權，西邊的新疆還有幾個小政權，他們與臨安的南宋距離很遠，基本上也都沒有利害衝突，可說的事情都很少。南宋中期以後，蒙古族迅速強盛起來，建立了蒙古王朝，蒙古騎兵在向西遠征的同時，也南下擴大統治範圍，依次攻滅了西夏、金朝和大理等王朝，從理宗端平元年（1234）開始，取代金朝與南宋尖銳對抗，四十餘年之後最終將南宋滅亡。立足於江西地區考察，影響都陽湖──贛江流域社會發展的外力，也是金兵、元兵兩股政治勢力。

南宋是北宋的繼續，從統治制度方面看，只不過京城由汴梁遷到臨安，統治地域更縮向南方，而實質內容沒有變化。江西依舊是分隸於江南東西兩路，我們繼續使用「江西地區」一詞涵蓋十三州軍。宋朝政權的非實質性的變異，對江西地區的影響很大，一方面是江西比北宋時期靠近了政治中心──京城，江西既是屏障臨安朝廷的堅強後方，又是朝廷轄控嶺南、四川大地的前哨基地。從向子諲支持趙構登基稱帝，到文天祥組織義兵勤王抗元，貫穿南宋九帝全過程，都有江西人在朝廷肩負重任，至於充當州縣長吏者更多，他們的作為對全局與區域的發展都有巨大的影響。另一方面，朝廷對江西的整體控制增強，對江西的財政需求進一步加大，江西地區是南宋在兩浙之後的第二個核心區域，在國家舞台上的地位有了全面提高。擺在我國歷史發展大局上衡量，南宋時期的江西地區無疑是社會鏈條上關鍵的一環，它的存在與運轉，對國家政治、經濟、文化各方面都有不可或缺的意義。

二

　　在南宋的一五〇餘年期間，江西保持北宋時期的社會大發展趨勢，繼續向前推進，達到新的高度，增添了新的時代氣息。生產領域中充分顯示了「盆地經濟」特色，及其明顯優勢。由大大小小的盆地發育而成的農耕文明基地，在建炎、紹興年間遭受兵災的慘重破壞，卻憑藉勞動力優勢和優良的自然生態環境，農村迅速復甦，丘陵山區的盆地得以普遍開發，梯田面積增加，經濟區域擴大，耕作水平提高，麥類播種得到推廣，以稻米為主幹的糧食產量增多，甚至出現「梯田米賤如黃埃」的景象，因而在滿足本地四五千萬人口消費之外，還能夠常年輸出巨額的漕糧和商品糧。經濟作物除原有的品種之外，新增了棉花，豐富了紡織原料。手工行業中的紡織、陶瓷、刻書等都有新的進步。水陸交通暢通，以洪州為核心的江西成了東西與南北交通的樞紐地。航運交通更加便捷，商品貿易繁榮。採礦和錢幣鑄造業生產比不上北宋，產量明顯衰落，究其原因，一是礦藏有旺枯變化，二是經營管理方面弊病叢生，積累下來的破壞性難以克服。

　　鑒於市場交易的競爭需要，撫州布商陳泰開創出包買商的經營方式，把商業資本發展到苧麻種植、麻布織造領域中去。活躍而富有生命力的農村經濟，激發出都昌曹彥約建造「湖莊」，於園林別墅中大規模摻進農事，形成稻麥、魚蝦、林果兼具的生產型農莊。陸九淵在弘揚儒學的研究中，關注農田生產，對稻田深耕、水稻畝產作出精確評估，提出了詳細的觀測數據。周必大致仕之後，在家全力組織刻板印刷，精選版本、細心校對，並使用活字印刷成功，有產品問世。這些事例，雖然未能激盪起社會大

潮，好似天空流星，一晃而過，卻也是難能可貴的新創造，給後世留下積極的思考資料。

三

　　書院教育隆盛，思想領域的氣氛活躍，文化水平大有提高，構成南宋時期江西人文事業的主導優勢。民辦書院教育進一步普及，興起讀書與藏書之風。一批「墨莊」型的家族書院，很有成效地傳授儒學經史知識，灌輸倫理道義。眾多的鄉先生活躍在各州縣，辛勤地在私家書院中從事教學，極大地彌補了州縣官學數量的不足，成了地方教育的主要機構，培養出比北宋更多的舉人、進士。由於一些地方官對學術的濃厚興趣，希望借書院宣揚其學術主張，對書院十分投入，建設起白鹿洞書院、象山書院、白鷺洲書院、東湖書院等著名的官辦書院，這些官辦書院在適應科舉需要之時，又成為宣揚與傳承道學思想的陣地，[1]使朱陸等學派的道學理論在江西、浙東等地發展起來。科舉教育在發展中出現的弊端愈加明顯，遭到社會批評，然而它作為國家選拔人才的主要方式，不可否認，士人以科舉出仕為人生的一個目標，它

1　淳祐六年（1246）知隆興府吳泳在《御書宗濂精舍跋記》中，對官辦書院的建立有批評性的見解，他說：「臣嘗考國朝建立書院，隸於今職方者三，潭曰岳麓，衡曰石鼓，南康曰白鹿洞，皆由上方表賜勅額，蓋所以揭聖范，崇道規也。道術既裂，聖真無統，士各阿其所好而立之師門，各尊其所授而名其學，刊山結廬，互相標榜，書院精舍之名幾遍郡國，殆失古者天子命之教，然後為學之義。」見《鶴林集》卷三八。

正表現出強勁的吸引力。

道學（理學）作為傳統儒學發展的新階段，經過北宋的醞釀，在南宋前期已經確立。從其主要學派及主要領軍學者活動事蹟考慮，江西地區是道學的一個重要發祥地，也是重要的傳播基地。南宋思想家在研究與弘揚道學理論過程中，因側重點的差異，形成若干個學派，其中朱熹、陸九淵為首的兩個主要學派，在贛東北的南康軍、饒州、信州、撫州、建昌軍等地，長期傳承延續。在臨江軍、吉州一帶有劉靖之、劉清之兄弟的道學群體，他們不拘門派，博采眾長。朱熹道學體系中的豐富內容，關於教育與學習的真知酌見，對儒學經典的註疏整理等，都對社會產生了重大而深遠的影響。陸九淵出身平民士人，沒有官宦政治生態環境，治學上接孔孟，宏傳「心學」思想，他的許多精緻論點，如關於發揮主觀能動性的思想，對自身言行實踐的嚴格要求以及出色的政績，令同輩和後生信服，在江西和浙東地區都有廣泛傳播。

鵝湖之會，是一次學人之間的自由集會。朱熹、陸九淵、呂祖謙、劉清之等學者在學術上「和而不同」，相互都有仰慕之心。這一群學者彼此友好切磋，既有交流的繼續，帶來不同學派之間進一步的交流與爭鳴，打破了思想界的沉悶保守狀態，又增進了相互瞭解，催生出學術發展的繁榮。此後，朱熹在江西備受尊敬，眾多士子投入門下；陸九淵應朱熹之邀請，在白鹿洞書院講「義利之辨」，獲得巨大成功；劉清之得到呂祖謙的歡迎，在麗澤書院居留講學，顯然都是鵝湖之會孕育出來的碩果。慶元年間的權勢爭奪，演化為對「偽學」禁錮，一批江西學者成了主要

的打擊對象。在朱陸的後繼者中，有人因官場利害矛盾，借師說標榜自己，把學術上的爭論演化成門派矛盾，權勢的角逐，遏制了學術思想的健康發展。

四

北宋時期的「義門」大家族繼續繁衍下來。然而，江州「義門」陳氏那種純正的大鍋飯生活的聚居方式，逐漸起了變化，撫州「義門」陸氏已經改為大鍋飯與小鍋菜相結合，表現出小家庭經濟的生氣。因為農耕生產的興旺，書院文化的高漲，滋生出更多的富室與官紳家族，他們積極參與地方治理，或積極陳述地方弊病，參謀州縣政務；或組織鄉民武裝，維護社會治安；或熱心於公益事業，興辦社倉、贊助貢士、興建橋樑等，增強了社會發展後勁。一批學術型家族如鄱陽洪氏，金溪陸氏，吉水楊氏，清江劉氏、徐氏，餘幹趙氏等，都有不同程度的家學傳統優勢，孕育了不少學有所長的菁英，各自在經學、史學、文學、醫學、堪輿和宗教等傳統學術領域作出了可貴的貢獻。與此同時，還有一批豪強勢家，武斷鄉里，甚至殘害小民，激化了社會矛盾。

戰亂頻繁，民眾的反抗鬥爭迭起，是江西在南宋時期突出的社會問題。這既有國家大局的連載關係，也因地方本身的社會問題所引起。建炎、紹興年間，先有李成等潰兵流寇在贛北的騷擾破壞，後有金兵沿贛江南下追趕隆祐太后的屠戮蹂躪。南宋的官軍良莠不齊，不少兵馬是在怕死的武將統領之下，扈從隆祐太后的衛隊，上陣打仗無能，卻有殘害百姓的凶惡。內外矛盾交織，官府苛徵暴斂，使民眾處境困苦，激發了吉州、虔州等地民眾的

反抗暴動。經岳家軍的嚴厲軍事征討，局面才慢慢安定下來。進入中後期以後，贛西有茶商軍的活動，贛南爆發了陳三槍等人為首的暴動，贛東有佃農的長期反抗鬥爭。南宋末年，江西全境展開了一場浩大的抗元戰爭，參加者十分廣泛，既有官紳大族，也有農商民戶，僧道人士。寧都縣六姓群眾，永新縣三千餘名剛烈子弟，為著國家民族的命運，浴血奮戰，捨生取義，在中國歷史上寫下了光輝的篇章，給子孫後代留下了十分珍貴的精神遺產。

「文章節義」之邦的地方文化優勢凸顯光輝，大批「文節俱高」的菁英群體顯示出強勁活力。政治上洪皓以堅貞的民族氣節贏得讚譽；楊邦乂、胡銓、王庭珪等人凜然正氣，反對投降、怒斥權奸的忠烈作為，傳揚南北。楊萬里等人堅守正義，不以自己的才學與權貴做交易。在元軍南下滅宋的危難之時，「只知有是非」的江萬里在努力無望情況下，毅然投水明志，以身殉國。謝枋得不顧勢單力孤，在信州組織武裝，抵抗元軍，失敗以後隱居閩中，寧願餓死，誓不向元朝稱臣。文天祥高舉抗元義旗，組織軍隊，明知不可為而為之，在閩贛粵多次掀起抗擊元軍南下的鬥爭高潮。兵敗被俘之後，以浩然正氣對抗威逼利誘，誓死不屈，血灑大都，「留取丹心照汗青」，在中華民族史冊上寫下了光輝篇章。

五

對南宋歷史的研究，專題性的集中在以下幾個方面，一是宋金之間的戰爭與交往關係問題，二是宋元之間的戰爭問題，三是理學思想與學派論辯問題，四是書院教育與科舉問題。圍繞這些

大問題分別研究相關人物、事件以及代表著作的詮釋，已經發表的論著很多。就南宋歷史進行總體性的考察，把政治、經濟、軍事、學術、宗教以及社會生活聯貫起來進行研究的，顯得稀少。與北宋史的研究比較，學術界對南宋的研究不夠。徐規先生指出：「以往兩宋史的研究者多將重點放在北宋，或者厚北宋而薄南宋，這固然有著南宋史料不足（特別是最後五十年），典章制度大致相類似的具體原因，但也存在著輕視南宋在歷史上的地位和作用的傾向。」（《南宋史稿・序言》）目前已出版的南宋史，是何忠禮、徐吉軍著《南宋史稿》（杭州大學出版社，1999 年版），這是「一部有很高學術水平的著作」。然而，它只有政治軍事編、文化編，另外的經濟和對外關係兩部分尚在編撰之中。貫通北宋、南宋的著作，有周寶珠、陳振主編的《簡明宋史》（人民出版社 1985 年版），張其凡撰的《宋代史》（澳亞週刊出版有限公司 2004 年版），這幾本宋代歷史著作都以較多的篇幅寫了南宋，對我們把握南宋一代的社會全貌，有重要的參考價值。

　　日本學者斯波義信關於宜春李渠的研究，利用了萬曆《袁州府志》中的南宋《李渠志》資料，對李渠從唐至清約千年的歷史演變，進行了拓荒性的綜合研究，尤其是將李渠的興建和農業經濟發展、地方社會建設緊密聯繫考察，充分揭示出李渠的經濟價值和歷史意義。斯波義信教授研究歷史的廣闊視野，敏銳的思維，值得我學習，其成果對本書的寫作有緊要的參考價值。然而，他是以李渠這項水利工程觀照宜春千年歷史，而萬曆《袁州府志》只見於美國國會圖書館、日本國國會圖書館，我們還無法瞭解南宋《李渠志》的原貌。所以，企圖復原南宋李渠與袁州宜

春的歷史，還有實際困難。

美國學者羅伯特・海姆斯《政治家和紳士──兩宋江西撫州的地方菁英》一書，對撫州兩宋時期的舉人、進士和官僚的生存背景、歷史源流及其簡要表現進行了綜述，其中關於地方防禦、社會賑濟、寺觀建築與宗教生活，有專章描述，然後總括性衡量撫州在全國的地位，是一部宋代三百年撫州地區斷代史，書中有大量地方誌資料，並在有關問題的論述中，詳細評議了眾多美國、日本學者的相關論點。作者的研究方法和所提出的諸多問題，對江西社會歷史研究具有很好的借鑑作用。當然，就江西十三州軍而言，不是每個州軍都有條件做成撫州那樣。如果類似宜春李渠、撫州菁英這樣厚實的專題成果再多幾個，那麼江西全境的歷史敘述，就將更豐富多彩。

就南宋的江西地區而言，還沒有斷代性的學術成果，大家關注的是朱熹、陸九淵、楊萬里、江萬里、文天祥、謝枋得等著名人物的研究，成果豐碩。白鹿洞書院、白鷺洲書院、象山書院等書院教育的研究也受到重視。至於農工商經濟、群眾生活、民情風俗等社會情狀，則少有涉獵，綜合性的南宋江西歷史著述則至今沒有。已有的研究尚須深入擴大，缺略的領域亟待開拓彌補。這是一項艱巨的任務，其中難度之大自不待言。既受資料零散，數量不多的限制，也因歷史研究大趨勢的影響。南宋考古成果的整理及與社會歷史的連接研究，也還有許多工作要做。從總體上看，南宋的朝廷檔案文獻不如北宋齊備，有的事項很難瞭解全面。史材積累的不充分和既有研究成果比較少，不能不給區域社會歷史的總體描述帶來困難。現在的這本《江西通史・南宋

卷》，是首次將南宋歷史從趙宋三百年中析分出來，獨立編撰成書。鑒於已有研究成果多寡不均的狀況，本書將重心擺在農業、手工業生產和社會生活領域，著力蒐集原始性的歷史資料，提供深入研究的客觀事實根據，盡量避免空泛的推論，乃至主觀猜測。南宋朝政等政治領域的事項置於社會大背景地位，概括點明全局發展大勢，揭示其對江西的制約作用，不深入展開評述。書稿完成之後，深感南宋時期是江西歷史進程中的重要階段，在生產建設、書院教育、人才培養、學術思想、科技藝術諸方面，取得了明顯進步，為後來的繼續發展奠定了堅實基礎，不僅值得寫，而且有可能寫得更豐滿，更生動。這次由於我前期的專題研究做得不夠，編撰中反覆琢磨的工夫不深，書中必然存在論斷不精審，資料不完備，剪裁欠妥當等疵病，誠望讀者批評指正。

目錄

總序　　　　　　　　　　　　　　　　　　　002

前言　　　　　　　　　　　　　　　　　　　009

第一章｜建炎紹興間江西的動盪與抗爭

　第一節・南宋的建立與江西志士的抗爭　　　030

　　一　趙構繼位與向子諲勸進　　　　　　　030

　　二　江西忠臣義士的誓死抗爭　　　　　　035

　　三　南宋對江西錢財的徵調與江防區劃　　042

　第二節・兵寇對江西的破壞與民眾武裝抗暴　046

　　一　全兵對江西地區的侵入破壞　　　　　047

　　二　潰兵、流寇在江西的騷擾殺掠　　　　049

　　三　隆祐太后入贛與官軍的劫掠　　　　　054

　　四　江西地方的殘破　　　　　　　　　　058

　　五　江西民眾的反抗鬥爭　　　　　　　　063

　第三節・岳飛在江西的軍事活動　　　　　　070

　　一　對流寇的進討　　　　　　　　　　　071

二 對虔吉農民山寨的攻滅　　　　　　　　　074

三 岳飛定居江州　　　　　　　　　　　　080

第四節・紹興和議與江西人士對屈和的抗爭　　083

一 秦檜當權與「紹興和約」的簽訂　　　　083

二 胡銓等人對屈辱求和的抨擊　　　　　　087

三 朱弁、洪皓在使金過程中堅貞抗爭　　　093

第二章｜南宋中期、後期政治與江西民眾的反抗活動

第一節・孝宗至理宗的朝政與江西官僚　　　100

一 「隆興和議」與陳康伯　　　　　　　　100

二 孝宗的統治與周必大　　　　　　　　　102

三 光宗的朝政與趙汝愚　　　　　　　　　103

四 寧宗朝的禁偽學與嘉定和議　　　　　　104

五 理宗的朝政與余玠治蜀　　　　　　　　108

第二節・茶商軍與贛南贛東的農民反抗鬥爭　116

一 茶商軍轉戰贛西　　　　　　　　　　　116

二 黑鳳峒李元礪等人的暴動　　　　　　　121

三 贛州陳三槍等人的反抗活動　　　　　　125

四 建昌軍佃農的武裝起義　　　　　　　　127

第三章｜南宋統治的崩潰與文天祥等人的抗元鬥爭

第一節・江西地方官的堅守與潰逃　　　　　134

一 元軍南侵與南宋的危亡　　　　　　　　134

二　南宋在江西統治的終結　136

三　守土抗元的地方官僚　138

第二節・文天祥的抗元鬥爭　143

一　文天祥勤王起兵抗元　143

二　文天祥的浩然正氣　149

第三節・謝枋得等的抗元鬥爭　153

一　組織忠義民眾，在饒信之間抗元　153

二　孤身逃隱福建，矢志不降　156

第四章｜南宋統治下的江西社會

第一節・行政區劃的調整　177

一　行政區劃的新調整　177

二　幾個州縣名稱的變更　183

三　官司分布與兵防設置　187

第二節・富裕大家族與鄉村社會建設　191

一　大家族在地方上的積極作用　191

二　「義門」家族的生活　196

三　大家族的鄉民武裝　207

第三節・豪強殘害鄉民與維護統治　214

一　稱霸地方的大家族　215

二　贛南社會中的土豪　225

第四節・租佃關係下的富豪與農民　　229

一　富豪別墅與農莊　　229

二　農民的生活　　236

三　永佃制的出現　　245

四　田租與土地買賣　　248

第五節・官府的賦稅剝削與州縣施政實績　　254

一　賦稅剝削的加重　　254

二　州縣施政事蹟　　274

第六節・水旱災荒與賑濟　　298

一　水旱災荒頻發　　298

二　官府對災荒的賑濟　　304

三　朱熹在南康軍賑災　　311

第五章 ｜ 農業生產的持續發展

第一節・戶口的增加與人口流動　　316

一　戶口大增的強勁趨勢　　319

二　江西人口的遷出　　324

三　遷入江西的家族事例　　327

四　《地名志》反映的南宋建村信息　　332

第二節・農田墾闢和耕作技術的提高　　337

一　農田墾闢、梯田增多　　337

二　水利工程的普遍興修　　343

三　李渠的維修與《李渠志》　　349

四　糧食品種增多與耕作技術的提高　　354

五　農村民俗　　363

第三節・糧食產量與輸出的增多　　366

一　本地食用與外銷的大米　　367

二　秋糧與和糴米　　370

第四節・茶葉蠶桑等經濟作物生產　　375

一　茶產量與茶稅利害　　375

二　桑蠶與種棉花　　386

三　果樹種植與果蔬生產專業化　　395

第五節・捕魚與魚苗生產　　402

一　湖區捕魚與習俗　　402

二　池塘養魚與魚苗運銷　　404

第六章│手工業、商業的變化發展

第一節・陶瓷業生產的持續發展　　420

一　景德鎮窯的生產與銷售　　420

二　吉州永和鎮窯的興旺　　424

三　吉州臨江窯遺址的作坊與窯爐　　428

四　贛州七里鎮窯繼續發展　　430

五　南豐縣白舍窯等瓷窯　　432

第二節・礦冶鑄錢生產的衰退　　　　　438

一　銅鐵等礦的產量及情況分析　　　　439

二　鉛山場、永平監的冶鑄生產　　　　446

三　贛州鑄錢院的鑄錢生產　　　　　　461

四　民間私鑄活動的起伏　　　　　　　470

五　錢牌與銀鋌的鑄造　　　　　　　　474

六　銅錢外洩與江州會子務的設置　　　476

第三節・刻書業的普遍興盛　　　　　　486

一　紙墨硯的生產　　　　　　　　　　486

二　刻板印書普遍興盛　　　　　　　　489

三　周必大的私人刻印活動　　　　　　495

四　刻印圖書的大致種類　　　　　　　499

第四節・絲麻紡織業　　　　　　　　　502

一　絲織業　　　　　　　　　　　　　502

二　麻織業　　　　　　　　　　　　　505

第五節・水陸交通與造船場　　　　　　508

一　十字形交通幹線　　　　　　　　　508

二　航道經營與橋樑建設　　　　　　　513

三　造船場與造船　　　　　　　　　　525

四　船場與綱運之弊　　　　　　　　　528

第六節・商業貿易的繁榮進步　　　　　531

一　講誠信、能創新的商家　　　　　　532

二　商貿地域與商人的欺詐行為　536

三　商稅的徵收　540

四　撫州的茶課、鹽課、稅課　543

五　酒稅的徵收與坊場撲買　548

六　田產交易契約與牙人　557

第七章｜學校與書院教育的興盛

第一節‧州縣學校的重興與發展　567

一　州縣學的普遍興修　567

二　學校建設的實際內容　570

三　教學中的實際問題　576

四　劉靖之在贛州州學的教學事蹟　578

第二節‧書院的興旺與分化　581

一　十三州軍書院的普遍興辦　582

二　民辦書院的諸多類別　597

三　官辦書院與書院官學化問題　601

四　白鹿洞書院的重建與象山書院的建立　611

第三節‧民辦書院教育與活躍的鄉先生　621

一　著名的民辦書院　622

二　活躍的鄉先生　629

三　藏書與讀書　636

第四節・書院與科舉的關係 640

一 書院教育與科舉考試的緊密關係 641

二 廣泛流行的備考教材資料 646

三 書院的共性與個性分析 649

第八章 ｜ 江西士大夫與南宋政治

第一節・科舉中的江西人物 666

一 十三州軍進士的分布 668

二 貢士名額與社會對科考的贊助 672

三 《宋史》列傳中的江西人與狀元 677

第二節・朝廷上層的江西人物 690

一 九位宰相的活動與際遇 692

二 十二位執政的活動與際遇 703

三 夏皇后與其弟的為人 713

第九章 ｜「江西學」與江西的著名學者

第一節・「江西學」的興盛 719

一 「江西學」的來由與特點 719

二 三個學術中心區域 722

三 鵝湖之會推動江西學發展 727

四 自然科學的自然發展 731

第二節・經學史學家 734

一　理學思想家 735

二　史學家、方志學家 762

三　地方誌與家譜的編修 772

四　地理學家 775

第三節・文學藝術家 777

一　文學家 777

二　音樂家 797

三　畫家 798

四　書法家 801

第四節・天文台與科技專家 804

一　天文台、星宿圖、羅盤 804

二　曆算家 808

三　名醫家 810

四　法醫家 814

第十章│佛道宗教與風水等習俗

第一節・官府對佛道宗教的管理與利用 819

一　對佛道的管理 819

二　對佛寺的利用 824

第二節・佛教的傳播 826

一　士大夫和佛僧的交往 826

二　佛寺的重建與僧眾的活動　　　　　　　　828

第三節・道教的傳播　　　　　　　　832

一　南宗道教與符籙派　　　　　　　　832

二　富有的著名道觀　　　　　　　　833

三　道士在社會上的活動　　　　　　　　836

第四節・摩尼教等民間宗教信仰　　　　　　　　839

一　摩尼教的傳播　　　　　　　　839

二　仰山神等地方神靈　　　　　　　　844

第五節・尚訟、好巫與風水習俗　　　　　　　　850

一　尚訟　　　　　　　　850

二　好巫　　　　　　　　855

三　風水術的盛行　　　　　　　　857

四　買地券的安置　　　　　　　　865

後記　　　　　　　　875

主要參考文獻　　　　　　　　878

第一章 ─

建炎紹興間江西的
動盪與抗爭

南宋統治是在北宋朝廷被金兵摧毀的驚惶中接手的。北方的金朝長期與南宋對峙，是南宋確立統治方針與長期政局演變的基本外部條件。康王趙構面臨父兄——徽、欽二帝被金人俘虜北去，不能以河北兵馬大元帥權威指揮軍隊打敗金兵，救援父兄，卻自己登基，不無篡逆之嫌。鑒於軍事上處於劣勢的現實，為切身利益計，他毫不猶疑地定下向金「屈己求和」的國策，並將這個統治總方針作為遺產，讓繼位者貫徹下去。南宋朝廷既秉承著祖宗「家法」傳統，又應對著必須解決的現實問題，適時改變自己的內外政策，把統治維持了下來。南宋朝廷定都臨安，江西地區成為它的核心統治區之一，政治上既是臨安的屏障，又是朝廷掌控西南的中間樞紐，洪、饒、吉、撫等十三州軍的財富，更是極大地支撐著臨安朝廷。兩宋之際激烈的戰亂與動盪的政局，無不將江西地區捲入，而江西地區的安定程度，都是和南宋統治連在一起。本章將著重敘述兩宋之際的劇變在江西地區的表現，尤其是金兵、官兵、流寇對民眾的屠戮，對城鄉的破壞，以及民眾在防禦兵寇、反抗南宋暴政兩方面的艱苦鬥爭。短短的一二十年間，富實的江西地區人口減耗，田園荒蕪，經濟衰退，社會蒙受了一場大劫難。

第一節 ▶ 南宋的建立與江西志士的抗爭

一 趙構繼位與向子諲勸進

靖康元年（1126）閏十一月，金兵攻下汴京，俘虜了宋徽

宗、欽宗，在城中大肆搜刮金銀財寶，宋朝的一批無恥官僚充當嚮導，為虎作倀，殘害民眾。建炎元年（1127）二月甲申日，金人在汴京的留守司再次搜括金銀，洪芻等降官奉命分詣各親王府第、諸妃嬪住所肆意搜刮。

洪芻，南昌人，黃庭堅的外甥，在宋朝為左諫議大夫，這時成了金軍汴京留守司差遣的降官之一，既帶領金人劫掠，又乘機發國難財——「匿余金以自奉」，完全喪失了一個官員的起碼操守，必然要受到歷史的譴責。

金人由於兵力不足，無力統治整個中原地區，又因東北女真人一時適應不了中原的自然環境，不敢久留，遂於三月底四月初，分兩批撤兵，押著徽、欽二帝以及皇后、妃嬪、諸王、公主、宗室和大臣等三千餘人和搜括到的金銀財寶、圖書器物等北去，宣告了北宋滅亡。與此同時，金人在汴京安置了一個傀儡政權，他們以屠城相威脅，使原北宋宰相張邦昌答應稱帝，國號「大楚」。

宋朝統治集團中的一批官員，緊急擁戴在河北軍中的康王趙構，重新組建趙宋政權，使各地軍民有了新的領導核心。趙構是徽宗的第九個兒子，欽宗的弟弟，宣和三年（1121）進封康王。靖康元年十一月，奉命出使河北，向金人乞和，途經磁州（今河北磁縣），知州宗澤挽留他組織抵抗金兵，於是他既不在汴京，也未在敵營，成了唯一沒有被金兵俘虜的親王。汴京陷落前夕，欽宗命康王為河北兵馬大元帥，疾速率兵入援。這時，他已退還相州（今河南安陽），附近宋軍陸續來到他麾下。金兵攻進汴京以後，他繼續退往濟州（今山東巨野）。當時大元帥府已擁兵約

十萬，但他拒絕宗澤的建議，不去收復京師等失地。趙構既不進兵開封，也不遠遁，顯然是坐等時機。金兵退盡，趙構成了最有資格繼承帝位的人選。靖康二年（1127）五月初一，趙構在應天府（今河南商丘）即皇帝位，是為宋高宗，改年號曰「建炎」，寓含火克金之意。趙構開始的宋朝，史稱南宋。

在趙構登上皇帝寶座的過程中，向子諲有一份率先勸進之功。

向子諲（1085-1153），字伯恭，臨江軍臨江鎮（今屬樟樹市）人，靖康元、二年間，向子諲為江淮制置發運使，[1]剛知道張邦昌偽楚政權之事，即移文盧州（今安徽合肥），要求知州馮詢等人拘留張邦昌家屬，以挫折其奸心。康王這時在濟州組建大元帥府，並檄令四方之兵勤王，然而響應者少。向子諲則立即組織勤王隊伍，派遣士人李植，「首齎金幣以濟艱難之用」。又命兒子向澹至康王帥府，「請康王帥諸將渡河，出其不意以救二帝」，同時調遣將領王儀帥勤王兵至濟州城下待命。

尤為重要的是，他給康王送去錢糧之時，還「上章勸進，切中事機，上深嘉之」。這是向子諲對高宗，即是對南宋立下的首要功勞，所謂「不世之知，實始於此」[2]，然而沒有多少人知道。

1　向子諲事蹟，主要依據樓鑰《薌林居士文集序》、《宋史・向子諲傳》，二者內容基本一致，少數情節有差異。向子諲此時的官職，傳文所記與樓鑰序有所不同，說他先是京畿轉運副使，不久兼發運副使，然後為江淮發運副使。

2　關於勤王、勸進之事，《向子諲傳》作「遣進士李植獻金帛及本司錢谷之在濟州者，以助軍費」，但未提勸進之事。《高宗本紀》也沒有說

不久，由於向子諲和李綱友好，他被黃潛善斥罷。

趙構本來毫無繼位的條件與可能，現在卻臨危登基，為了穩定大局，保住意外得來的碩果，他起用力主抗戰的李綱為宰相，負責防禦事宜。但是，趙構為了保守偏安的帝位，確定對金求和、投降的方針，拒絕李綱、宗澤堅守中原，抗擊金兵的建議，採納中書侍郎黃潛善、同知樞密院事汪彥伯巡幸東南的逃跑策略，計劃退往建康（今南京市）。對此決策，李綱等抗戰派表示反對，而汪、黃等人則詆毀李綱，甚至說他「為金人所惡，不當為相」，「名浮於實，而有震主之威」。八月十七日，高宗罷去為宰相才七十五天的李綱，以黃潛善為左相，汪彥伯為右相，掌握軍政大權，決意南逃。建炎元年（1127 年）秋天，金兵再次南下侵宋。十月，高宗到了揚州，暫時安頓下來。

建炎三年（1129 年）二月，金兵三千騎兵襲擊淮南，十萬宋軍望風奔散，淫樂中的高宗聞訊大驚，與隨從五六人倉皇出逃過江，再奔杭州。

高宗在杭州派人赴金軍營求和。由於群臣追究揚州大潰敗的責任，高宗不得不罷去黃潛善、汪伯彥。

建炎三年五月，因金兵已經北返，高宗在臣僚請求下，從杭州返至建康。他繼續向金人求和，派洪皓為「大金通問使」，所

向子諲勸進。據史傳，已經命兒子康王渡河救徽、欽二帝回來，為何有送上勸進表？這是兩個絕不相容的建議，怎麼能同時出於向子諲之口？兩者的記錄是否都是實錄，待考。

帶國書稱：「願去尊號，用正朔比於藩臣，」願意徹底投降。但金人並未停止南侵。七月，金兀朮統兵分四路南侵，一路進攻淮北；一路由河南入侵蘄（湖北蘄春）、黃（湖北黃岡），轉攻江西；一路向陝西進攻；主力由兀朮率領，由歸德（河南商丘）南下，進軍建康。高宗聞訊，一面再派使臣請求金兵緩師，說自己「以守則無人，以奔則無地」，「唯冀閣下之見哀而赦己也。」高宗這樣無恥的哀求，招致金兵更厲害的進攻，遂於閏八月退出建康，逃往浙東。金兀朮於十月進入淮南，十一月攻占瀘州（安徽合肥），渡過長江，圍攻建康。建康府留守李梲、沿江都制置使陳邦光等率官屬迎降，唯有通判楊邦乂拒不投降，慘遭殺害。

已經逃到越州（浙江紹興）的高宗，得知建康失陷，遂航海避敵，經明州（浙江寧波）坐樓船至定海（浙江鎮海）、昌國（浙江定海）、台州（浙江臨海）。金兵尾隨緊追，在海上追趕航行三百餘里，遇大風暴，又被宋軍張公裕率領的水軍打敗，才退回明州。兀朮對明州、杭州、平江府等地燒殺擄掠之後，聲稱「搜山檢海」已畢，於建炎四年（1130）二月撤退北歸。

高宗循原路返回，於建炎四年四月進駐越州，接受參知政事范宗尹建議，加強藩鎮權力，重整沿江防線，立下分路防守的規模，相應增強諸大將的權力。次年（1131）正月，改元紹興，意為「紹祚中興」。十月，升越州為紹興府。本想定都此地，然而終以「漕運不繼」，移往杭州，升為臨安府。紹興八年（1137）宣布以臨安府為「行在所」，正式定都下來。

在形勢吃緊的建炎三年七月，高宗決定隆祐皇太后（即哲宗孟皇后）率領朝中官署及後宮轉移洪州（詳見下文）。江西的區

位這時受到特別重視，李綱《條具防冬利害狀》稱：「江西一路，輔翼建康駐蹕之所，蔽障閩廣，接連荊湖，自江以北，控引淮西。」高宗下詔「堅守建康」，背地裡「為避敵之計」，是以江西為後盾。他對大臣們說：「（太后）今往南昌，未有還期。」主管皇室親屬的大宗正丞洪子陽，請求把倖存的宗室人員隨同轉移。看來南宋朝廷有安頓於江西的考慮。於是，令大宗正司並宗室人員遷移至虔州。不久，金兵尾追隆祐皇太后至吉州，危急加劇，建炎四年（1130）初，大宗正司為了避敵，自虔州度嶺移往廣州。

二　江西忠臣義士的誓死抗爭

1. 寧死不屈抨擊時弊

　　對高宗的乞降朝政，太學生陳東、布衣歐陽澈進行了激烈的批評。高宗即位之後，下詔要求中外臣庶陳述「民間疾病」。他們即上疏：「宰執黃潛善、汪伯彥不可任，李綱不可去。」而且要求趙構返回汴京，「治兵親征，迎請二帝」。歐陽澈的萬言書不僅極詆黃、汪等用事大臣，還說了「宮禁燕樂事。上諭輔臣，以澈所言不審」。他們二人所論事項的要害，不僅是涉及當權官僚的去留，尤其是直接觸及趙構的皇位問題。「迎請二帝」歸來，則趙構便將退出皇帝寶座，甚至還可能被追究篡位之罪；所謂「宮禁燕樂事」，雖然沒有舉出具體的內容，但這是關係到趙構為君的品德，在國難當頭之際，這個剛即位的皇帝卻不顧國家安危，荒於酒色。也許所言「不審」，有失實之處。但是，這對於趙構穩定皇帝寶座卻是十分不利的。所以，趙構與黃、汪都極

惱怒，黃潛善對高宗說：「不亟誅，將復鼓眾伏闕。」[3]靖康二年（1127）八月二十五日，二人被斬於應天府（河南商丘）都市。他們二人都不認識李綱，特以國家安危，雖死不顧，路人有為之哭者。

歐陽澈（1097-1127）[4]，字德明，撫州崇仁縣人。七世祖俊，仕南唐。開寶中，以病歸吉州廬陵，再遷徙至撫州崇仁。澈的曾祖父詔，祖父恕，父親俞，皆不仕。他崇尚氣節，憂國憫時。靖康元年（1126）冬至第二年正月，他「身處草茅，心馳魏闕」，應高宗詔令，陳述安邊禦敵十策、評議朝政缺失數十事，寫成三篇萬言書送上。他說：「臣所進三書條陳當世利害三十餘事，實為切要，然其間觸權臣者有之，忤天聽者有之，或結怨於富貴之門，或貽怒於台諫之官。臣非不知……而敢抗直言者，實願以身而安天下也。」[5]由於趙構只求保全皇帝寶座，黃潛善、汪伯彥只顧私利，遂將這位忠肝義膽的布衣平民殺害。為安撫民心，建炎三年（1129）二月乙亥，趙構詔贈陳東、歐陽澈並為承事郎，給其近親一人為官，令所居州縣優撫他們的家屬。紹興四年（1134）再加朝奉郎、秘閣修撰，官其後二人，賜田十頃。紹興九年（1139）二月壬申，其母羅夫人在崇仁縣長安鄉龍源，為

3　《宋史》，卷四五五，《陳東傳》。

4　歐陽澈《上皇帝萬言書》說「臣生三十年矣」；同鄉鄧名世寫歐陽澈《墓表》稱：「君生於丁丑，死於丁未，享年三十一」，是準確的。《宋史・歐陽澈傳》作「死時年三十七」，有誤。

5　歐陽澈：《歐陽修撰集》，卷三，《上皇帝第三書》。

澈葬衣冠塚。撫州知州在州學畫出歐陽澈像，「以奉精忠，以贊英烈，以風後世，以勸來者」。嘉定十六年（1223），豐城范應鈴為崇仁知縣，又在縣學中立祠紀念歐陽澈。臨川危和評議歐陽澈死的價值說：他「以布衣之賤，非官守於朝，而憤世疾邪，之死靡憾」。但是，「安而生，不若忠而死。有所虧而貴，不若無所虧而賤」。歐陽澈死，「立節萬世」，由此「以觀汪、黃之惡，人謂斯何」[6]。

後人將歐陽澈的萬言書及其他詩文編為《飄然集》，後又將贈官《誥詞》、《墓表》等相關的文章輯入，名為《歐陽修撰集》。

2. 李邈鎮守真定誓死不降

李邈（1059-1127），字彥思，臨江軍清江縣人，唐宗室宰相李適之之後。其母為曾鞏之妹。少年時即顯才略，中進士，以父蔭為太廟齋郎，幾任地方官後，薦改京官，徽宗命出使遼國，回來後反對童貫的決策，認為不宜聯金攻遼。宣和二年（1120），任江、淮、兩浙制置司勾當公事，知嚴州。

靖康元年（1126），金兵進攻汴京，詔李邈入京。欽宗問如何禦敵，他答：勝負兵家之常事，不必過於憂慮，但是自古「未有和戰不定而能成功者」。建議重用宿將種師道，付以機動作戰之權，使「將在軍中，君命有所不受」。欽宗同意，而宰相耿南仲主持對金議和，不採用。命李邈為河北西路制置使，知真定府

6　《歐陽修撰集》，卷七，李庚《立祠學宮祭文》；危和《儒學二賢祠堂記》。

（今河北正定）。真定城內兵不滿二千，錢不足二百萬，李邈自度難以拒敵，「乃諭民出財，共為死守」。民眾因李邈而提高守城信心，獻出錢糧，幾天後得錢十三萬貫，粟十一萬石，又募到勇敢民兵數千人。但是，倉促聚攏的民兵「皆無鬥志」。金兵至城外，李邈急報朝廷求援，無回音。城被圍，且戰且守，相持四十天。城破，李邈巷戰失敗，即跳井，被左右抱持，不得下，遂落入金兵之手。金將斡離不命他跪拜，不拜；以火燎其鬚眉及兩髀，亦不顧。金兵將他拘囚在燕山府（今北京）三年。曾審問：「集民兵擊我，謂我為賊，何也？」邈答：你們背棄盟約，「所至掠吾金帛子女」，忌諱我講是賊嗎？

後來，金人以知滄州官位引誘，邈報以輕蔑一笑，說：「天下強弱之勢安有常，特吾中國適逢其隙耳。汝不以此時歸二帝及兩河地，歲取重幣如契丹，以為長利，強尚可恃乎？」[7]金人命「被髮左袵」，不用宋人服飾，他憤怒地剪去頭髮，如僧人模樣，表示對抗。金人大怒，摑其口，他將滿口血水噴向敵人，遂被擊殺。臨死時，他臉色不變，南向再拜，端坐就戮，在場燕人為之流涕。死年六十九。[8]

高宗即位，贈李邈昭化軍節度使，諡「忠壯」。

7　《宋史》，卷四四七，《李邈傳》。
8　李心傳：《建炎以來系年要錄》，卷二八，建炎三年秋。四庫全書本。以後簡稱《系年要錄》。

3. 楊邦乂忠義節烈，慘死抗爭

　　楊邦乂（1086-1129），字希稷，吉水縣人。博通古今，以節義自許。在州學讀書，目不視非禮，同捨生想破壞其操守，騙他進娼館。楊邦乂初未覺察，後娼女出，他愕然疾退，燒毀衣冠，流涕自責。政和五年（1115）中進士，歷任婺源縣尉，蘄州、廬州、建康府三郡教授，知溧陽縣，平定叛卒周德之亂。建炎三年（1129），為建康府通判。金兵進至江邊，與岳飛等人帶領的宋軍戰於馬家渡，宋大將王　擁兵遁逃，駐紮建康的統帥杜充以數千人出降，金兵遂順利渡江，進入建康城，總管軍餉的戶部尚書李梲、建康知府陳邦光等皆去十里亭迎接金人。金軍統帥兀朮入城，李梲、陳邦光帶領官屬迎拜，唯楊邦乂不屈膝，血書衣裾曰：「寧作趙氏鬼，不為他邦臣」。第二天，兀朮派人說降，允許邦乂繼續為通判，他斷然拒絕，頭撞柱礎流血，曰：「世豈有不畏死而可以利動者？速殺我。」[9]

　　第三日，兀朮與李梲、陳邦光等酒宴，讓邦乂站庭下，以示羞辱。邦乂斥責李、陳曰：天子以你們守衛城池，敵至不能抗，反而與敵宴樂，還有面目見我嗎？金人拿出紙筆說：勿多言，欲死即寫「死」字。邦乂奮筆書「死」。稍後，兀朮又審問邦乂，他憤怒大罵：你女真圖吞中原，天不會容你，將「磔汝萬段，安得污我」！兀朮惱怒，「殺之，剖取其心」。時年四十四。楊邦乂慘烈的事蹟傳至朝廷，贈直秘閣，賜田三頃，官其四子，建褒

9　《宋史》，卷四四七，《楊邦乂傳》。

忠廟，諡曰「忠襄」。紹興七年（1137），加贈徽猷閣待制，增賜田三頃。

褒忠廟，紹興元年（1131）建，地址在建康府城南雨花台東崗之東北坡（今南京市雨花台東崗「江南第二泉」後山），即楊邦乂死難處，後人在此立碑，題曰「宋忠臣廬陵楊忠襄公剖心處」。

4. 曾忞、曾悟等堅貞不屈，罵敵而亡

曾忞（？-1129），字仲常，建昌軍南豐縣人，曾鞏之孫。補太學內捨生，以父蔭任郊社齋郎，累官司農丞、通判溫州，在越州等待官缺。建炎三年（1129 年）冬，金兵攻陷越州，金將琶八下令：城中文武官員明早至官署，凡不至、藏匿、不覺察者，皆處死。曾忞獨不去，被人查出逮捕，見琶八，辭氣不屈，並斥責說：宋朝有什麼對不起你們，「乃叛盟欺天，恣為不道」，我家世代為宋朝之臣，只恨無尺寸功勛報國，「安能貪生事爾狗奴邪」？金兵衛士皆相視驚愕。琶八令左右將曾忞押出，並且「盡驅其家屬四十口，同日殺之越（州）南門外，越人作窖瘞其屍」[10]。

金兵撤退之後，忞弟杭州餘杭知縣曾悬，製作大棺斂其骨，葬之天柱山。曾忞死事報至朝廷，贈忞直秘閣，贈其弟悆、子宻、兄子�皆將仕郎。曾忞全家遇難時，其子宻剛四歲，與乳母張氏皆死。至夜小雨，張氏復甦，見宻也已甦醒，正吮其乳，郡

---

10 《宋史》，卷四四八，《曾忞傳》。

卒陳海抱密隱匿而去。長大後仕至南安軍知軍。

曾悟（1097-1129），字蒙伯，曾肇之孫。宣和二年（1120）進士。靖康年間為亳州士曹。建炎三年（1129）金兵破亳州，曾悟被捕，他激烈謾罵金人，被亂刀砍死，屍體無存，妻子同日被害。年三十三。

鄭驤（？-1129），字潛翁，玉山縣人。元符三年（1100）進士。宣和年間，為京兆府（治今陝西西安市）等路提舉常平，編制《常平總目》十卷，頒行於管轄地區。南宋初，以直秘閣知同州（今陝西大荔）兼沿河安撫使。建炎三年（1129），金將婁宿率兵攻打同州、韓城，鄭驤遣兵占據山險迎擊，失敗，金兵至同州城下，通判以下官屬皆逃，鄭驤堅守不走，他說：「所謂太守者，守死而已。」城陷，他赴井死。諡「威愍」。

鄭驤久任西北邊臣，勤於編輯軍政與部族的事蹟，曾收集熙寧至政和間攻取建制之事為《拓邊錄》十卷，兵將蕃漢雜事為《別錄》八十卷，圖畫西蕃、西夏、回鶻、盧甘諸國人物為《河隴人物誌》十卷，序贊普迄溪巴溫、董氈世族為《蕃譜系》十卷。

歐陽珣（？-1127），字全美，盧陵人。崇寧五年（1106）進士。金兵南下，直逼汴京，北宋欲割河北三鎮（絳州、磁州、深州）議和，珣極力反對，卻被宰相派遣去交割深州，他至城下慟哭，對城上人說：「朝廷為奸臣所誤至此，吾已辦一死來矣，汝等宜勉為忠義報國」。被金人縛送燕，遭焚死。

崔縱，字符矩，臨川縣人。政和五年（1115）進士，累遷承議郎、幹辦審計司。高宗將遣使通問徽、欽二帝，前此使者相繼

遭金拘留，無人肯往。崔縱毅然請行，到達後，以大義責備金人，被徙窮荒絕地，抗拒官爵誘降，恚恨成疾，握節以死。

曾如驥，泰和人，靖康末為寶慶（今湖南邵陽市）通判，金兵攻至城下，他要弟如駿歸泰和，自己決心「以身許國」。取出上司發下的「考功紙」，寫上：「謹將節義二字，結果印紙一宗。了卻神遊何處，澄江明月清風。」城將陷，他在牆壁上寫「捨生取義」，再次明示謹守節義志向。下屬建議出降，被他斥退，「登子城，投贛江死」。建炎元年（1127），郡人上報他的節義行為，贈謚忠愍。**[11]**

三　南宋對江西錢財的徵調與江防區劃

南宋朝廷急需充實軍事、財政實力，強化統治基礎，首先是令江、池、饒、建四所錢監加緊鑄造銅錢。建炎元年（1127）七月，下令歲鑄一三〇萬緡，**[12]**九月命新錢以「建炎通寶」為文。建炎三年（1129）九月，命令東南各路把徵收的經制錢運赴行在，不計四川地方，歲收為六六〇餘萬緡。

江西為東南財稅重要基地，百姓的經濟負擔特重，稅糧、茶課數額巨大。紹興二年（1132）十月，僅吉州、筠州、臨江軍三地催理上供的糧食為三十萬斛；紹興三年六月，以軍隊過境，僅

11　《宋詩記事》，卷四二，《題考功印紙》。「澄江」，指曾如驥的泰和故鄉。

12　《系年要錄》，卷七，建炎元年七月丙辰。

吉州一地即科索百姓出錢百餘萬緡。[13]茶課，從建炎二年（1128）八月開始，執行梁揚祖措置的榷茶政策，持續三十多年未變，按此規定，東南十路六十五州軍每年共交茶一五九〇餘萬斤，其中江西地區十三州軍約五六一萬餘斤，[14]占總額的百分之三十五點二八，居於首位。

糧茶正賦之外，還有許多雜征。紹興元年（1131）二月，宣撫江湖三路的朱勝非說：「江西、湖南北路正賦外，多別科米，則有正耗補欠、和糴斛面等，自一石輸及五六石；錢則有大禮、免夫、綱夫、贍軍等，自一緡輸及七八緡。吏緣為奸，其名日新。復調丁壯把隘、修寨，富者出財，貧者出力，民不堪命」[15]。此外，還有許多臨時需索，諸如：

軍需物資供應。紹興元年九月，尚書省命州縣製作盔甲，江西虔、吉、洪、撫四州各一五〇〇件，饒、信二州各八百件。又據李綱記述，撫州一次需交納的箭桿二百萬根，翎毛一百餘萬。農民弄不到翎毛，有的人被縣官活活折磨至死。[16]各種苛索均以軍事需要為由，中書舍人洪擬指出：「兵興累年，饋餉悉出於民，無屋而責屋稅，無丁而責丁稅，不時之需，無名之斂，殆無虛日。」[17]

13　《系年要錄》，卷五九，紹興二年十月己亥；卷六六，紹興三年六月甲午。

14　《系年要錄》，卷十七，建炎二年八月辛未。

15　熊克：《中興小記》，卷九。

16　李綱：《梁溪全集》，卷八五，《乞蠲免災傷路分人戶四年積欠札子》。

17　《系年要錄》，卷四二，紹興元年二月癸巳。

折帛錢。紹興二年五月，戶部奏請「諸路上供絲帛，並半折錢三千」。其中綢總計三十九萬匹，內江南西路六點七萬匹（包括上供 5.2 萬，淮福衣 1.5 萬），占總額百分之十七點一七；絹總計二七三萬匹，內江南西路三十八萬匹（包括上供 30.5 萬，淮福衣 6.7 萬，天申大禮 0.8 萬），占總額百分之十三點九一。[18] 江南西路上供綢絹共需四四點七萬匹，按一半折錢，每匹三千計算，應納六十七點〇五萬。

月樁錢。又稱「每月樁發大軍錢」、「應付樁辦大軍月樁錢」、「認發大軍月樁錢」，是紹興二年新增的重頭雜稅。紹興間戶部收到江東、江西諸州的月樁錢總數為二十二點七萬緡，其中江西地區為十一點六九萬緡（信州 5.4 萬，吉州 0.67 萬，撫州 2.5 萬，江州 1.1 萬，筠州 0.67 萬，建昌軍 0.23 萬，臨江軍 0.46 萬，南安軍 0.66 萬），[19] 占總數的百分之五十二點二一，居諸路之首。

和買折納錢。和買絹，原是官給本錢，每端給一千，但現在不僅不給本錢，還要折變多取。洪州和買絹原是八分輸正色（實物），二分折錢，每匹折省錢三千。紹興四年（1134）八月，江西帥臣胡世將下令增為三分折錢，每匹折六千省。加一成又翻一番。當時殿中侍御史張致遠指出：「今江西殘破之餘，軍旅轉餉殆無虛日，鎮南軍和預買絹，自起催至六月，才納及一分，民力

---

18 《系年要錄》，卷五四，紹興二年五月甲申。
19 《系年要錄》，卷一五六，紹興十七年九月乙亥。

不易，自可想見。」**20**

　　另外，出於防止金兵南侵的軍事需要，建炎中在饒州設置軍馬孳生監繁殖軍馬，所需芻粟費用全由當地民眾負擔。但是馬性適於高寒，鄱陽地卑暑濕，不適宜馬生長，共引進種馬五六二匹，而斃者三一五匹，養大的馬駒才得二十七匹。紹興五年三月，下令罷饒州孳生監。

　　關於長江防務，隨著對金戰事形勢變化，長江中下游地區的邊防區劃多次調整，江西北部始終處於中心位置。建炎元年（1127），以江南東路的江寧府（今南京市）、江南西路的洪州並升帥府，設安撫使統轄。建炎三年（1129）五月，將江州提升為路級軍事政治中心，設立江州路，轄江州、池州、饒州、信州。同時，設建康府路，轄太平州、宣州、徽州、廣德軍，兩路的守臣均兼安撫制置使，共同承擔江防重任。不久，把江南東、西路合併為江南路，割荊湖北路的鄂、岳二州隸江南路。

　　建炎四年（1130）五月，又以江道遼遠，緩急恐失機會的理由，將江南路一分為三，分別設立三帥，即：

　　鄂州路，領鄂州、岳州、筠州、袁州、虔州、吉州、南安軍；

　　江西路，領江州、洪州、撫州、信州、興國軍、南康軍、臨江軍、建昌軍；

20　《系年要錄》，卷七九，紹興四年八月丙申。「省錢」，即除陌錢，一般以七七當一百。如果是一百當一百，則加「足」字。

建康府路，領建康府、池州、太平州、饒州、宣州、徽州、廣德軍。

三路守臣並為安撫使，也就是三帥。鄂州路安撫使駐鄂州，所領筠、袁、虔、吉州、南安軍為江西地；江西路安撫使駐江州，所領八州軍均江西地（興國軍今屬湖北省）；建康府路安撫使駐池州，所領饒州為江西地。此種區劃建制，強化了沿江地帶的防務，有利於屏障建康、臨安一線。就江西地區而論，洪、饒、吉、虔等十三州軍顯然處於重心位置。

三帥分轄的體制維持的時間不長，紹興元年（1131）正月，尚書省提出意見認為，岳、鄂二州遠處西部，請還隸湖北，其他州，恢復為江東、江西二路，帥司置於江州、池州。半年以後，中書省認為，「池、江二州地勢避隘，失祖宗分道置帥之意」。遂詔江東、江西二路帥臣分別還建康府、洪州舊治。在短期之內反復變更區劃內容，是受軍事形勢的變化所致。

此外，還徵調兵員充實臨安「行在」。建炎三年七月丙戌，詔江西、兩浙揀正兵、土兵各六分之一赴行在。稍後，又命江西、閩、廣、荊湖團練槍仗手、峒丁，以備調發。

第二節 ▶ 兵寇對江西的破壞與民眾武裝抗暴

南宋建立初年，江西地區是受兵災殘害非常嚴重的一個區域。禍源主要有三：一是金兵入境破壞；二是潰兵、流寇的騷擾殺掠；三是官軍的搶劫勒索。

一　金兵對江西地區的侵入破壞

建炎三年（1129）七月，金兵以兀朮為統帥，分四路南侵，其中一路入侵蘄（今湖北蘄春）、黃（今湖北黃岡）。於十月二十六日在黃州渡江，他們在岸邊得小舟，其數不多，乃毀民居為筏，以舟牽引過江，宋朝荊湖沿江措置副使王彥叔不敢迎擊，坐船遁去。金兵遂輕鬆過渡，三天未遇抵抗，全部進入江南。駐守江州的江東宣撫使劉光世，雖然率領著大軍，月費錢十三萬緡，只是整日「置酒高會，無有知敵至者」。開始以為只是「蘄、黃間小盜」，後來確信是金兵，劉光世「遂遁」。金兵由大冶直撲洪州，深入江西腹地，所經州軍的宋朝長官，如洪州王子獻、臨江軍吳將之、吉州楊淵、撫州王仲山、袁州王仲嶷，「或降或走」，無人敢戰。其實，金兵並非不可抵擋。劉光世下屬司勳員外郎馮檝，寫信對劉光世說：「金兵深入，進則距山，退則背江，實不足畏，鄉民抗敵亦能勝負相半，官軍更不該望風潰逃，宜選精兵援救洪州，伏兵掩殺金人」。

馮檝的分析完全符合實情，其建議可行，但劉光世怕丟官、怕死、怕金兵，沒有放開一路而伏兵掩殺。故而金兵不僅沿贛江直下，而且分兵左侵撫州，右襲袁州，還以其傀儡撫州降官王仲山之子「權知州事，令括管內金銀，赴洪州送納。虜怒其少，云：『撫州四縣，不及洪州一縣』」。[21]

金兵遇到的抵抗是江西各地的鄉民武裝。吉州，正在家鄉的

21　王明清：《揮塵錄》，三錄卷一，《高宗東狩四明日錄》。

胡銓，組織民兵，驅逐城內的金兵，「復城，固守」，免遭繼續破壞。

建昌軍，沒有被蹂躪。金兵進入撫州，即遣十人至建昌軍招降，知軍方昭慮將印交給通判晁公邁，走了。未幾，晁公邁以募兵為藉口，也遁逃而去。城中士民推舉太學生蔡延世領導守城。蔡延世殺了招降者，金軍前來問使者何在，他把十顆首級拿出來，「金人怒，求戰，延世擊卻之」[22]。最後金兵不攻而去。

洪州西北角的分寧縣（今修水），當金兵由大冶至武寧之際，沿途迎降，無人抵抗。相距武寧百里的分寧士民，驚恐欲降，「以保全鄉井」。但知縣陳敏識對縣人說：想投降的先殺我！他將前來招降的使者斬首，誓與民眾死守抗敵。金兵發現分寧有備，遂不敢進入分寧縣境內。

在各地村落間，不少村民奮不顧身，自發抗擊金兵，雖婦女亦勇敢而為。金兵至豐城縣，以鐵騎走大道，通宵不絕，使民眾聞其聲而不測多寡，心生畏懼。「一騎挾兩女子，獨穿林間。女指謂避者言『可擊』。於是眾舉挺捂之而墜，旋碎其腦。……又，胡掠一婦，使汲井。婦素富家子，辭不能。胡呶呶怒罵，奪瓶器低頭取水。婦推其背，失足入於井中」。

饒州餘幹縣民艾公子全家遭劫掠，兩個金兵又要點火焚其房屋。艾公子想：若是燒成廢墟，萬一得脫也將沒有歸宿，「乃呼

22　《系年要錄》，卷二九，建炎三年十一月壬申。

其子，齊備挺縱擊。垂困，取胡腰刀截其首，一家遂全」[23]。

洪州靖安縣寶峰山下，居住一個貧窮的屠戶張生，在金兵侵來時，他「率里人捍禦，獲七俘，盡得其所掠金寶」[24]。這些民間零星的自衛反抗，打擊了金人的殺掠氣焰，卻不能扭轉金兵南侵的大局。

金軍統率烏瑪喇盤踞洪州城一個多月，「取索金銀寶物，百工伎藝之屬皆盡」，十二月乙未，「屠洪州」，「焚劫殆盡」[25]，尚書郎侯懋等三人，潛伏在城南一民戶房樑上，僥倖免死。金兵這次深入江西內地，是為追趕隆祐太后一班人，將富庶的贛江中下游地區，如江州、洪州、袁州、撫州、建昌軍、臨江軍、吉州等州縣蹂踐了一遍。

二　潰兵、流寇在江西的騷擾殺掠

潰兵、流寇與官軍，在南宋初年是相互變換著的。正如呂頤浩所說，在金兵的打擊下，不少官軍「兵皆散而為盜」。反之，許多官軍又是來自受招撫的潰兵、流寇。一方面是寇盜勢窮受撫得官，遙身即變為官家；另一方面，官軍將領們為了擴充實力，擁兵自重，也不斷招收流寇。社會流行的諺語是：「欲得官，殺人放火受招安；欲得富，趕著行在發酒醋」。江西大帥李回，以

23　洪邁：《夷堅志》，支庚卷七，《村民殺胡騎》。
24　洪邁：《夷堅志》，補卷十四，《寶峰張屠》。
25　《系年要錄》，卷三十，建炎三年十二月乙未。

老儒知洪州,「帥司屯兵數萬,皆招收潰賊,既無所憚,又軍食不足,恣其所為,郡民夜不解衣,唯恐生變」[26]。這種亦兵亦寇的武裝人員,具有極強的破壞性,右司諫方孟卿指出:官軍依恃朝廷威權,「恣為剽掠,有甚於賊」[27]。在這兩部分人之外,還有的「流寇」來源於社會下層貧寒者,例如北宋政和年間,河北、京東大批農民被「西城括田所」掠奪得破產逃亡,生活無著,「人不堪命,遂皆去而為盜」,故而金兵未到,河北已經蜂起,曾經蹂踐江西的李成即是其一。

1. 苗傅、劉正彥兵變對江西的騷擾

苗傅、劉正彥發動的兵變,是朝政腐敗激發出來的。他們原是禁軍將領,自以功大而賞薄,心存怨憤,又對高宗的舉措不滿,如王淵在揚州大潰敗中責任重大,沒有處罰,反而升任簽署樞密院事、兼御營司都統制。王淵從揚州來杭州,十數船所載,「皆殺奪富民家財」。宦官頭領內侍省押班康履妄作威福,其徒奪民居,肆為暴橫,卻得到高宗重用,苗、劉對此尤為反感。

建炎三年(1129)三月五日,苗、劉稱王淵勾結宦官謀反,殺王淵以及內侍,「凡無須者盡殺之」。高宗聞變,站在樓上與苗傅對話,苗大聲曰:「陛下信任中官,軍士有功者不得賞,私內侍者即得美官。黃潛善、汪伯彥誤國,猶未遠竄。王淵遇敵不

26　《系年要錄》,卷六三,紹興三年三月甲子。
27　熊克:《中興小記》,卷十一,紹興元年十二月丁卯。

戰，因友康履得除樞密……」[28]他們還提出趙構「不當即大位」，應讓位皇太子，由隆祐太后垂簾聽政等要求。趙構稱帝，措置乖當，不得人心，於此可見一斑。苗、劉的前半截要求，趙構也許能夠接受；後半截要求不僅觸動了趙構的命根子，而且也不明智，隆祐太后責問說：「今強敵在外，使吾一婦人簾前抱三歲兒，何以令天下？」他們仍然堅持己意，以「事久不決，恐三軍生變」相威脅，趙構遂禪位。

苗、劉的兵變，對立足未穩的南宋朝廷極其不利，遭到呂頤浩、張浚、韓世忠、張俊、劉光世等大臣一致反對，他們迅速組織力量討伐。四月初一，趙構復辟。苗、劉率二千餘人逃離杭州，西向退往江西，進犯信州玉山縣，屯上饒縣沙溪鎮。江、浙制置使韓世忠率兵追擊，在衢州（今浙江）與信州之間的浦城縣魚梁驛將他們擊敗，生擒劉正彥。苗傅逃入福建，變姓名夜遁建陽，被土豪詹標發覺，縛送韓世忠軍營。七月，苗、劉被斬於建康。苗傅後軍部將韓雋率餘部繼續南退，於六月至福建邵武，「入城焚略皆盡」，折返攻打江西建昌軍。建昌人得悉邵武被掠的情狀，「官吏軍民皆欲逃去」，知軍方昭堅持守城，以全家六十口為質，揭榜令眾：敢言逃跑者以軍法從事。方昭率眾守城，韓雋攻城雖猛，而方昭守城益堅。前後六晝夜，韓雋部眾死傷十之三四，不得不撤圍去，轉犯臨川。撫州知州林積仁棄城逃走，

28 《宋史》，卷四七五，《苗傅傳附劉正彥》。

韓隽「入城縱掠」[29]。之後，他們北上攻打湖口，渡江而去。

2. 李成、馬進在江西的殺掠

李成、馬進率領的潰兵流寇，對江州、南康軍以及洪州等地的燒殺破壞非常嚴重。李成，原是雄州（河北雄縣）歸信縣弓手，在南宋初年趁戰亂之機，擴張成實力很強的地方武裝頭領。建炎二年（1128）八月，他焚掠楚州（江蘇淮安），轉寇淮西。建炎三年五月，接受南宋詔安，九月復叛。建炎四年（1130）春，因金兵渡江南侵，南宋朝廷自顧不暇，遂命李成為舒、蘄、光、黃鎮撫使，兼知舒州。但他依然趁亂打劫，企圖割據一方，「以觀天下之變」。八月，李成再叛，攻掠江淮地區。九月，李成派遣部將馬進自黃州渡江，進入江西境內。十月，馬進率叛軍至江州瑞昌縣，知縣、主簿等官無力抗拒，「斂民間金帛羊酒，率吏民迎（馬）進入縣，且供其錢糧」[30]。馬進軍糧充足之後，急攻江州城。同時，另有三萬叛軍侵入南康軍，與官軍鏖戰，建康府路安撫大使呂頤浩等率領的官軍均戰敗，潰退而去。隨著馬進的兵威日益擴大，「江西州縣往往迫於軍眾，應付馬進錢糧」[31]。

李成趁官軍窮於對付金兵的空隙，遣將攻略州縣，聲勢凶猛，很快占有了江、淮六七個州，連兵數萬，有席捲東南之意，他散發「文書符讖，幻惑中外」，致使高宗擔憂，準備將朝廷移

29　《系年要錄》，卷六三，紹興三年三月甲子。
30　熊克：《中興小記》，卷十一，紹興元年十二月丁卯。
31　《宋史》，卷四七五，《苗傅傳附劉正彥》。

至饒、信間，想要親自指揮兵馬對付李成。建炎四年（1130）十二月辛未，詔度支員外郎韓球速往饒州囤積錢糧。此前已下令「凡江、湖、川、廣所輸上供，悉儲（饒、信）二郡」；接著又命令：「所過州縣錢糧盡數劃刷，別項樁管；應沿江綱船不以空重，並令赴饒州岸下襬泊。」中書舍人胡交修反對這個決策，他說：天子自將討賊，「勝之不武，不勝（則）貽天下笑」。認為討伐李成是將帥的事，何必要皇帝受累、受辱。其實，趙構並非專為對付李成考慮，首先還是怕金兵殺來，後來「聞金不渡江」，乃停止饒、信之行，改命張俊為江南路招討使，率岳飛等將領來江西攻打李成。

江州被馬進叛軍圍攻一百天，「糧食皆盡，人相食！」呂頤浩、楊惟忠、巨師古率兵自饒州來救，被馬進擊敗。紹興元年（1131）正月，馬進攻入江州城。守城軍兵極度飢困，無鬥志，主持守城的沿江安撫使姚舜明、統制劉紹先在城中縱火，趁亂出逃，劉奪西門奔瑞昌縣，姚奪南門走南康軍星子縣。馬進軍隊在城中「大肆殺掠」，李成隨後渡江入城，坐於州衙，捉來城中現任官、寄居官「二百員，悉殺於庭下」。李成為了爭奪民心，沒有惱怒江州拒守而下令屠城，相反發布文告，允許民眾「識認被擄人口」，允許「任便買賣」。於是，被潰兵擄掠的江州人皆為親屬識認而去，久經戰禍而城鄉殘破的江州居民，「漸有生意，皆作庵寮以居」[32]。

32　徐夢莘：《三朝北盟彙編》，卷四四，紹興元年正月十日。

這時在江西、湖南境內的金兵已經退盡，南宋得以重新調集兵力討伐李成。江東安撫大使呂頤浩、江西副總管楊惟忠引兵向江州進發。李成派遣部將邵友自奉新縣攻陷筠州（治高安縣），知州王庭秀棄城逃。紹興元年二月，邵友攻打臨江軍（治清江縣，今樟樹臨江鎮），知軍康倬逃走。近在新喻縣的江西安撫大使朱勝非，以兵少為由，南走吉州，不敢與叛軍對敵。官軍接連失敗，迫使朝廷急催江淮招討使張俊返回江州討賊。三月，張俊率軍趕往江西，部將通泰鎮撫使岳飛自請為先鋒，在生米渡、高安兩地與叛軍鏖戰，大勝，俘獲八千。張俊唯恐這些俘虜復叛，命令後軍統制陳思恭，在一夜之間把俘虜全部殺了。馬進等逃回江州，與李成會合。張俊收復筠州、臨江軍，繼續北追至奉新樓子莊，遣步兵從小路登上山嶺，殺伏奪險，進至江州。馬進再戰失利，渡江北逃，離開了江西。同年六月，張俊率軍在黃梅再次大敗李成，迫使李成走投無路，帶殘兵投奔了汴梁的偽齊。

三　隆祐太后入贛與官軍的劫掠

南宋官軍抗擊金兵侵擾很不得力，甚至望風潰逃，但是對地方的破壞，卻不亞於潰兵、流寇。建炎三年（1129），中書舍人季陵指出：劉光世、韓世忠、張俊「各招亡命以張軍勢，各效小勞以報主恩。然勝不相遜，敗不相救，大敵一至，人自為謀耳」[33]。劉、韓、張這三支軍隊，實際和流寇沒有多少區別。當

33　《宋史》，卷三七七，《季陵傳》。

年八月，御營前軍統制官喬仲福、王德自閩中引兵還臨安，「道饒州，入其郛，占民居，掠子女」[34]。從福建去杭州，只需經過信州（今上饒），走到饒州去則是繞了大圈子。喬仲福故意這樣走彎路，想必是為掠錢財，因為饒州富庶。當時官軍一定是經常幹這種事，所以才會出現江西監司「巧為犒設」官軍的事情（詳見下文）。朝中大臣呂頤浩將此種弊害告訴高宗，於是高宗發出一篇詔令說：「官軍經由州縣者，皆毋得入城；仍具應付錢物數，及有無騷擾申尚書省。」還有，戍守饒州的胡江，本是劉光世後軍將校，他奉命去臨安，帶著千餘人走到信州，竟然寇掠了永豐（今廣豐）、玉山之後，折回西邊，攻打弋陽縣，殺寶豐鎮監鎮官，然後深入撫州，潛伏在宜黃縣境內。[35]

　　護送隆祐皇太后來江西的官軍，對地方造成嚴重禍害，是又一個典型例證。建炎三年（1129）七月，高宗為逃避金兵掩至，整個王室危險，決定分散避敵，他自帶二三謀臣，帷屋宿將，指揮有關軍旅之事，退往浙東；隆祐皇太后帶著宗廟、省部百司，凡朝中「百司官府不與軍旅之事者皆從之」，全都退往洪州，詔「諸路公事皆赴洪州與決」，命李邴權知三省樞密院，滕康同知三省樞密院，由楊惟忠統領軍隊一萬餘人護衛。又命吏部侍郎高衛隨行護衛，兼御營使司參軍事，負責處置沿路防務，在江州還有江東安撫使劉光世率領的邊防大軍。簡言之，保安措施可謂周

34　《系年要錄》，卷二六，建炎三年八月乙丑。
35　《系年要錄》，卷四五，紹興元年六月壬午。

密，卻沒有能阻擋住金兵的追擊。

　　隆祐皇太后從建康出發，乘船溯長江而上，由湖口入鄱陽湖，至星子縣落星寺，恰值航道狹、風浪大的水域，龐大船隊擁擠顛簸，翻沒舟船十數。駐在江州的劉光世，既沒有密切掌握敵人的動向，更沒有能阻擊金兵渡江，先是「且持重毋出兵」，而後便是慌張遁逃。故而隆祐太后從進入江西開始，就是處於驚恐避敵之中。八月二十日，至南昌，十月二十六日，金兵自黃州過江，直逼洪州。她不敢久留，於十一月初四緊急離開洪州，十七日，到達吉州。二十三日，金人追來，知州楊淵棄城而去。隆祐太后趕緊離開吉州，徹夜而行，第二天黎明剛到泰和縣，有人看見金兵，嚇得楊惟忠的萬人衛隊頓時潰散，傅選、司全、胡友、趙萬等九員將領「悉去為盜」，撐船的民工耿信也棄舟逃命。

　　所謂「護衛」之兵，這時已成驚弓之鳥，金兵來了就喪失鬥志，不敢上陣，卻將自己守衛的「宗廟、六宮、府庫」頃刻搶光。眼看到這伙官軍變成了強盜，船老大耿信能不棄舟而逃？所謂「舟人耿信反」，一個船老大在萬名官軍面前敢「反」？該是楊惟忠先自膽怯而逃，耿信才棄舟不顧了。「護衛」之兵「悉去為盜」，才是真正的大反。留在隆祐太后身邊的「兵衛不滿百」，他們坐船至萬安，到達贛江十八灘北端的惶恐灘，怪石激浪，水流湍急，必須拉縴才能緩行，如果繼續乘船，勢必被金兵追上。於是，在萬安縣西南六十里的皂口（亦作造口）「舍舟而陸」，要農夫抬轎子送到虔州，才倖免於難。

　　潰散的衛兵，到處作亂。一夥人竄到吉州永豐縣，殺死知縣、縣尉。傅選西逃，陷湖南郴州，大肆焚掠，獲得大量財寶，

「既厭所欲」之後，才到虔州歸降。趙萬寇袁州，被江東宣撫司前軍統制王德打敗，遭斬首。胡友一夥攻入臨江軍城，搶掠居民。

逐漸聚攏在虔州的衛兵，又在城內作亂，放火搶劫。因隆祐太后大批人馬到來，把虔州府庫有限的錢財頓時耗盡，衛兵所得餉給只是劣質的「沙毛錢」、「折二錢」，他們將此錢市買諸物，商民不要，認為這是「上皇無道錢，此中不使」[36]。並斥責說：「何人來壞我州府」。建炎四年（1130）正月二十四日，發生軍兵與鄉民相爭，兵士被甲持杖屯景德寺，百姓亦持器仗保守坊巷。虔化縣（今寧都縣）民沈立，率鄉兵三百人，來支援城中百姓，相為犄角。回到虔州的司全，命令兵士被甲出寺後殺鄉兵，由是鄉兵、百姓與官軍爭鬥激烈，「軍士遂縱火肆掠。虔多竹屋，煙焰互天，不可向邇」[37]。隆祐太后命禮部尚書曾懋去「撫諭」百姓與衛兵，但他遷延不行。官兵強盜的暴行，激起虔州民眾極大的憤恨，局勢繼續惡化。二月，虔州鄉兵首領陳新（一作陳辛）「率眾數萬圍虔州」。隆祐太后非常「震恐。赦其罪，不聽。」而楊惟忠、滕康、劉珏三員軍政主管「皆坐視其亂，而不能禁」。不久，胡友以其眾由臨江「復犯虔州」，在城下與陳新交戰，敗退陳新，遂解虔州圍。

36　莊綽：《雞肋編》卷下，沙錢，亦稱沙毛錢，是夾以泥沙重鑄的錢。據《系年要錄》卷五二紹興二年三月丙辰紀事，沙錢每千才值二三百文。

37　《系年要錄》，卷三一，建炎四年正月丁卯。

　　由於金兵停止追擊北返，同年三月，隆祐太后返回，經撫州、信州，八月到達臨安。前來奉迎的權知三省樞密院盧益，又是「所至苛擾」，和盧益深相交結的外戚帶御器械潘思永，更是「擅作威福，恣行貪饕」。隆祐太后一班人在江西來去，不僅耗費了巨額的錢糧物資，而且到處擄掠燒殺，和金兵、流寇同樣凶殘。在金兵殺來之時，趙構只會籌劃逃跑，而這種恥辱帶給人民的，卻是家破人亡的苦難。幾十年後的一天傍晚，辛棄疾來到皂口，揮筆寫道：

　　郁孤台下清江水，中間多少行人淚。西北望長安，可憐無數山。青山遮不住，畢竟東流去。江晚正愁余，山深聞鷓鴣。[38]

　　此首《菩薩蠻》題作《書江西造口壁》，內容從虔州城內的郁孤台寫起，隱含其恢復之素志，對勝利的信心，以及對時局的擔憂，寓意十分深刻。

四　江西地方的殘破

　　金滅北宋以及對南宋的多次戰事和劫掠，由此引發的潰兵流寇的騷擾破壞，導致南北各地殘破不堪。從靖康至紹興初的六七年間，山東、京西、淮南等路，荊榛千里，斗米至數十千且不可

38　《稼軒詞編年箋注》，鄧廣銘箋注，上海古籍出版社，一九七八年版，第37頁。

得，盜賊官兵以至居民，更互相食人肉，價賤於犬豕，肥壯者一枚不過十五千，全軀暴曬為臘肉。登州范溫的隊伍，紹興三年（1133）泛海到錢塘，還帶有「人臘」在吃，「老瘦男子謂之饒把火，婦人少艾者名為不羡羊，小兒呼為和骨爛，又通目為兩腳羊」[39]。莊綽親眼所見的慘景雖然不涉及江南，卻不等於這裡未受破壞。僅僅考量南宋財賦來源地區大小，當時天下州郡或沒於金人，或據於偽齊，四川則自供其軍，淮甸江湖荒殘於盜賊，臨安朝廷所仰，「唯二浙閩廣江南，才平時五分之一，兵費反踰前日，此民之所以重困」。

江西四境遭受空前嚴重的浩劫，城鄉殘破，田園荒蕪，經濟衰退。南宋官府為了徵斂軍需錢糧，支撐統治局面，對江西地區有種種繁重的征派，加重了百姓的負擔，使飽受兵災禍害的州縣加速破敗下去。建炎二年（1128）二月，洪州知州胡直孺奏稱江西民眾身受五害：

經制司拋科灰磚；提刑司科配吏民以私財助國；諸州受納苗稅加耗太重，有一斛而取五斗者；又朝廷所需，郡縣率取之等第及行戶，而無錢以償；監司巧為犒設之名務收恩，保家由此搖動，軍情愈益驕恣。望特下寬恤之詔，除此五害以固人心寬民力。[40]

39　莊綽：《雞肋編》卷中。
40　《系年要錄》，卷十三，建炎二年二月辛酉。

　　為了讀懂這「五害」，必須瞭解相關背景事實。先是，建炎元年趙構至建康，經制使翁彥國即下令各地，按戶征派城磚，送往建康修城牆。江西吉州、虔州、南安軍等地百姓，山遙路遠，陸負水運，耗千錢才運至兩塊磚，負擔沉重──這就是「科派灰磚」。

　　「科配私財」，是指江西提點刑獄留某，為求個人陞遷，向剛即位的皇帝諂媚，特意下令民戶出私財「助國」。他督責下轄各州縣，按民戶的財產等級，高額攤派錢財。

　　官府徵收的農業稅稱「苗稅」，糧食搬運過程中間的損耗要農民負擔，加征的這部分糧食稱「加耗」，一斛為十斗，加耗要五斗，達正額的二分之一，故為「太重」。

　　第四條是說朝廷消耗的各種物資，全都由民戶、工商行戶交納，但「無錢以償」，實際是又一重剝奪。朝廷對地方的橫徵勒索，上節所述建炎三年九月「令東南八路提行司，歲收諸色經制錢赴行在」，即是最好的例證。

　　第五條，「監司」指轉運司、提點刑獄司、提舉常平司等路一級的官署，官僚們巧立名目，犒勞過往的軍隊，結果是他們收到「私恩」，卻加重了民眾的負擔，又把軍隊慣養得更驕橫。不過，監司對官軍的「犒勞」，有不得已而為之的成分。這些苛重的雜派徵收，都是非正常的斂財，反映了南宋初期的政局處於混亂狀態。

　　三年之後，禍害加重。紹興元年（1131）正月，監察御史韓璜在江西、湖南走了一趟，奏報所見民間疾苦說：

自江西至湖南，無問郡縣與村落，極目灰燼，所致殘破，十室九空。詢其所以，皆緣金人未到，而潰散之兵先之。金人既去，而襲逐之師繼至。官兵盜賊，劫掠一同，城市鄉村，搜索殆遍。盜賊既退，瘡痍未蘇，官吏不務安集，而更加刻剝。兵將所過縱暴，而唯事誅求。嗷嗷之聲，比比皆是。民心散畔，不絕如絲。**41**

　　「官兵盜賊」，包含官兵、潰散之兵，他們對民眾「劫掠一同」，這是一層；另一層是官吏不務安集，反而「更加刻剝」。正是在這樣的雙重災難煎熬之下，導致十室九空，民心散畔。監察御史的觀感，得到地方官的呼應。二月，江西安撫大使朱勝非奏稱：

　　方今兵患有三：曰金人，曰土賊，曰游寇。金人自冬涉春，不聞南渡。所謂游寇者，皆江北劇賊，自去秋以來，聚於東南。所謂土賊者，二年以來為害甚大。原其實情，似有可矜。南人資產素薄，比年科率煩重。

　　朱勝非所指游寇，依上文所述，即為李成、馬進叛軍；所謂土賊，則是無法生存的江西民眾。他接著說民眾演變為土賊的緣由：

至於江西土寇，皆因朝廷號令無定，橫斂不一，名色既多，貧民不能生，以致為寇。臣自桂嶺而來，入衡州界，有屋無人；入潭州界，有屋無壁；入袁州界，則人屋俱無。良民無辜，情實可憫。……稅米一斛有輸及五六斛，稅錢一千有輸及七八千者。如所謂和糴米，與所輸正稅等，而未嘗支錢。他皆類此。[42]

袁州等地「人屋俱無」的慘景，皆因兵禍連接，橫斂煩重，稅負驟增五六倍、七八倍所致。江州是重災區，已經赤地千里，「累經敵馬殘破，並馬進等在城下半年殺戮，至今戶口十損七八」[43]。僻處丘陵山區、交通閉塞的撫州宜黃縣，在建炎紹興之際，也是「四境俶擾，潰卒相挺為變，令大恐，不知所為。」[44]

戰亂之後，官府的錢糧勒索很苛刻，無異敵寇的搶劫。除上節已經列舉的徵收錢糧的事實之外，再補充一個州的平常事例：撫州的農業基礎好，每年酒稅可得六萬緡，而繳納的月樁等費需要四十萬緡，相差近七倍！為此，州縣官怎麼能不刻剝民眾。安撫司、轉運司下達的臨時性工役既多又繁，極難應辦，如打造戰船、交納箭桿、翎毛等，都催促緊急。正月初六日，安撫司、轉運司要求撫州打戰船二十二只，限五月完成，若違限期，「官吏並重真典憲」。二月、三月連續三次修改命令，要求製造安裝車

42　《繫年要錄》，卷四二，紹興元年二月乙酉。
43　《繫年要錄》，卷八七，紹興五年三月丁丑。
44　《宋史》，卷三八八，《周執羔傳》。

輪的戰船，從各縣徵集來的木料、工匠聚集河邊，而「船樣」久未下達，人夫聚而復散，散而復集，往返百餘里，造成極重的困擾。又要撫州交納箭桿二百萬，翎毛一百餘萬。一個撫州之數如此，合諸州蓋不可勝計，供不應求，價格飛漲，至於十倍，故一桿賣幾百錢。「而翎毛則尤難遽集，至有縣令以翎毛決事者，詰朝訟者執翎毛羅立於縣庭之前，往往旋捕雁雉鵝鶩取之」。農民既無聊如此，「江西一路數千里之間，群盜處處盤結，以為勞而為民，不若安然做賊。」[45]沒有「勞而為民」的社會條件，民眾必然造反。

五　江西民眾的反抗鬥爭

　　建炎、紹興年間江西民眾被逼反抗的事例，主要發生於饒、信、吉、虔四州的城鄉。虔州民眾的反抗鬥爭，如上節所述的建炎四年（1130）初的城中商民與護衛官兵的爭鬥以及虔化縣陳新率領三百鄉兵對城中民眾的支持，是一次典型的官逼民反事件。事件的起因是官兵拿極劣質的銅錢交易，蠻橫霸道，繼而被甲持杖殺傷民眾。這些御前護衛軍隊，仰仗的是朝廷權勢，肆無忌憚地欺壓鄉民，故而導致民眾與鄉兵聯合起來抗暴。鄉兵，本是官府掌握的地方武裝，轉化為打擊官府、對抗禦前軍隊的民眾力量，充分說明南宋統治極不穩定的真實。陳新率領的鄉兵雖被打敗，但「失業之民，率聚為寇」，釀成另一種動亂。紹興二年

45　汪藻：《浮溪集》，卷一，《撫州奏乞罷打造戰船等事》。

（1132），右文殿修撰季陵極言官軍的腐敗是逼民造反的大禍根，他說：軍興以來，師旅糧草，非強取於民則莫給，而且「兵將衣食不取其飽暖，取其豐美；器械不取其堅利，取其華好。務末勝本，初無鬥心，賊至則偽言退保，賊去則盛言收復，遇敗以千為一，遇勝以一為千」。他還指出：「今統領家口隨行，一聞賊至，擇精銳者護送老小，其自隨者只辦走耳，當議者一。擄掠婦女，軍中多有，養既不足，寧免作過？當議者二。所至州軍，邀求犒賞，守令憚生事，竭取民以奉之，當議者三。詭名虛券，隨在批請，枉費官物，當議者四。或假關節，或行賄賂，寄名軍籍，規冒功賞，當議者五。」[46]官軍騷擾州縣的這五大弊害，普遍存在於各地，他們不同於流寇的，是有朝廷權威庇護，並以抗金、剿寇為藉口，故而更惡劣、更凶殘。官軍在金兵面前的潰敗，與其對百姓的殺戮，正是其腐敗的兩面。

1. 貴溪王念經起義

信州貴溪縣王念經領導數萬人的反抗，由官府的「殘擾」所致。建炎四年（1130）四月，王念經已經「聚眾數萬，反於信州之貴溪」，當時御史中丞趙鼎上奏稱：「饒、信魔賊未除」，是「乃社稷存亡至危之幾」。為什麼人民的反抗行動，令統治者如此震驚，將他們看做比金兵大舉南侵還可怕？

官府稱王念經為「妖人」，稱其領導的群眾為「魔賊」，說明這些群眾是信奉「魔尼教」的人，以「吃菜事魔」為其組織形

---

46 《宋史》，卷三七七，《季陵傳》。

式。北宋末年以來，魔尼教在江南傳開，兩浙、江東西，自來傳習此教，饒州、信州農村山谷間，早就有傳播魔尼教的傳統。當王念經利用摩尼教發動起義以後，就被視為心腹之患，唯恐危及趙宋的「社稷存亡」。起義的領導人可能不止一個，《十朝綱要》記載，建炎四年（1130）六月「妖賊王宗石等十一人伏誅」；七月庚午「又遣統制王德、張寧擒妖寇王念經，獻俘行在」[47]。據此，則是兩個人。所記事實都是貴溪「妖盜」、「魔賊」，很可能「念經」之名，是因其信教誦經而來；「宗石」則是他本來的名。即便是不同的二人，也是同一次抗爭中的兩個領導者。

侍御史沈與求上奏說，饒、信「魔賊」的反抗暴動，是「知饒州連南夫、知信州陳機殘擾害民，以致生變」。朝廷為保社稷，默認了民反是官逼而起，稍微懲處了連、陳二人，「機坐免官，而南夫貶秩」。對王念經等反抗者實施了最殘酷的殺戮，高宗命浙西、江東制置使張俊「以全軍討饒、信妖賊」；劉光世以統制官王德、靳賽帶兵助戰。這些被金兵嚇破了膽的官軍，殺敗了反抗者，將王念經等二十六個人押往越州誅殺，又血洗貴溪、弋陽，「（王）德等凡屠兩縣，所殺不可勝計」。六月辛卯，高宗聽了大理寺奏報誅殺王念經之事時說：

47　李埴：《十朝綱要》，卷二一。然而《系年要錄》卷三二記作王念經，卷三四同年六月辛卯記事中作王宗石，兩條記錄的史事聯貫，前後一致，而且註明「王宗石當即念經也」。

此皆愚民無知，自抵大戮，朕思貴溪、弋陽兩縣一時間二十萬人無辜就死，不勝傷痛。[48]

兩縣無辜的百姓二十萬人被殺，何等殘酷！參與王念經暴動者只是「數萬」，即便將這些人全都殺戮，還有幾倍的不相干的當地人成了刀下鬼。這是貪卑的趙構當了皇帝之後，在江西犯下的特大血案。趙構將它歸咎於民眾「無知」，認定為「自抵大戮」，除了表面的傷痛外，沒有對濫殺無辜的劊子手進行絲毫責罰。顯然，這次大規模的屠殺行為，不是下級武將的盲動，而是他們對皇帝旨意的執行。這種論斷的合理性，可以從中書舍人洪擬的對策中得到旁證。紹興元年（1131）二月癸巳，洪擬對策說：

兵興累年，饋餉悉出於民，無屋而責屋稅，無丁而責丁稅，不時之需，無名之斂，殆無虛日，所以去而為盜。今閩中之盜不可急，宜求所以消之；江西之盜不可緩，宜求所以滅之。[49]

致盜的原因是橫賦暴斂，如何解決這個根本問題，無人論及；對「江西之盜」必須消滅，則被提到頭等位置，這是南宋朝廷定下的國策。當時所稱的「江西之盜」，不一定包含饒、信的

48 《系年要錄》，卷三四，建炎四年六月癸酉、辛卯。
49 《系年要錄》，卷四二，紹興元年二月癸巳。

王念經暴動，但他們密邇吉、虔之地，並遭大規模屠殺，則是符合朝廷既定的消滅對策。

王念經起義人數一般記為「數萬人」。另有記載說：「妖賊王念九（經）眾二十餘萬，據信州之貴溪、弋陽縣，辛企宗累月不能克。」[50]又，「有王念經者，以左道聚愚民至十餘萬」[51]。三個數字，哪個可靠？這次暴動屬突發性，持續戰鬥約三個月，活動地域限於貴溪、弋陽二縣，在這樣有限的時空條件下組織起二十萬人的隊伍，恐怕不可能。

再從居民數量考慮，也有問題。崇寧元年（1102）信州所轄六縣共有一五四三六四戶，三三四〇九七人，平均每縣人口為五五六八二人。此後的二三十年中，社會動盪，戰亂不停，在南宋初年的惡劣環境中，貴溪、弋陽的人口不會大量增加。假設兩縣居民不論男女老少全都參加暴動，也難有二十萬。

不僅是王念經難以發動得了二十萬人，就是劊子手王德屠殺二十萬人的奏報，也要考慮他「誇大其功」的成分，不能拘泥於絕對數字。韓元吉在《連公墓碑》中說王德「追擊至貴溪，斬首數萬級，復為民者幾倍」。戰報有誇大成分，而墓誌銘有溢美之嫌，兩者都不是絕對的，比較碑文與奏報所說，似乎韓氏之文可靠性大一些。

50 徐夢莘：《三朝北盟彙編》卷二一二。
51 韓元吉：《南澗甲乙稿》，卷十九，《連公（南夫）墓碑》。

2. 虔化李敦仁起兵

虔州虔化縣（今寧都縣）鄉貢進士李敦仁與其弟世雄、世臣、世昌等人，於建炎四年（1130）十月發動本縣六個鄉的農民，「聚眾於羅源，有兵萬餘，破虔化縣，又入石城縣」[52]。敦仁之父曾對他說，先世墓地風水殊勝，四十年後當有侯王出。他聽了高興，遂以襲擊盜賊為名聚兵。李敦仁在石城縣被陳皓、陳敏父子殺敗，退走，於紹興元年（1131）正月進入撫州崇仁縣、洪州靖安縣境，鼓動農民加入反抗隊伍，「用旗榜脅諸縣人丁，謂之關丁」。他們四處攻擊，破江西路四縣，燒劫江東路二縣。二月，李敦仁率隊伍經南豐縣圍攻建昌軍南城縣。當時虔化、南豐一帶驚恐混亂，虔化縣上三鄉人畏懼，投降於李敦仁。隨後李敦仁率眾北上，上三鄉民眾回歸本業，而官軍將領「乃欲盡殺南豐、上三鄉人以為功，遣人燒蕩廬舍，奪取牛畜，致其人失業」，小股寇盜越多。[53]李敦仁攻打建昌十六天，被建昌軍通判蔡延世率鄉兵打敗，退走撫州臨川、宜黃縣，再返回虔化縣，進入福建，攻打汀州寧化、清流二縣。四月底，李敦仁遭蔡延世再次襲擊，其弟世雄、世臣被擒。五月以後，李敦仁隊伍連遭失敗，首領李世昌、李國臣等上萬人被殺。冬天，李敦仁隊伍復振，「依前猖獗」，於十二月殺死虔化知縣劉漢，二度擴張勢力，至紹興二年春，他們已攻占過四州十縣。但仍在流竄之中，最後

52　《系年要錄》，卷三八，建炎四年十月辛卯。
53　程俱：《北山集》，卷三八，《納宰執論事札子》三。

被江東安撫司統制官顏孝恭、郝政擊敗。三月，李敦仁等三十八人接受招安「皆授官」、「分隸張俊等軍中」[54]，成了官軍的成員。

3. 南安軍吳忠、虔州陳顒暴動

紹興元年（1131）六月，南安軍（治今大餘縣）吳忠、宋破壇、劉洞天等「聚眾數千人，焚上猶、南康等三縣，殺巡尉」。他們攻打南安軍城，多次打敗統制官張忠彥、李山率領的官軍。七月，虔州陳顒（一作陳容）「聚鄉丁數千，焚掠雩都、信豐諸縣。」[55]八九月間，吳忠等人戰敗，宋破壇、劉洞天被權南康縣丞田如鰲、權南安軍通判魏彥杞擊殺，吳忠脫逃，轉入廣東南雄州。

虔州陳顒繼續向南發展，於紹興二年（1132）四月率領三千多人進入廣東，攻圍循州，焚龍川縣。然後轉至福建，攻破武平縣，再南下圍攻潮州，十一月，陳顒等圍攻梅州城。知州劉安雅下令取鉤吻草研取其汁，投入酒醋，分散給居民。陳顒部眾入民家縱飲，被毒死數百人，餘者多昏迷不醒，眾人疑懼不敢留，遁去，梅州圍遂解。紹興三年正月，陳顒返回江西，最終在紹興五年（1135）被岳飛的軍隊收服。

4. 建昌軍卒丁喜暴動

紹興元年（1131）十二月，建昌軍駐守石陂寨軍卒以丁喜、

54　《宋會要輯稿》，兵十之二七至二八。
55　《系年要錄》，卷四五，紹興元年六月庚午；卷四六，紹興元年七月癸卯。

饒青等人為首，聚兵數千為亂，擊敗江東安撫大使司都統制闔皋的隊伍。同時，駐守瀘溪寨的土兵楊招與附近鄉民聯絡，「趁之縱掠」。[56]建昌軍和虔化縣境地相接，丁喜、楊招等人的暴動與李敦仁南北呼應，對官府構成不小的威脅。南宋朝廷一方面加緊鎮壓李敦仁，另一方面調來駐饒州的統制官郝晟、顏孝恭所部四千兵，又調宣州知州劉洪道，督統制官崔邦弼等前來，統由建昌知軍朱芾節制，合力攻打丁喜等軍卒。二年正月，增調宣州兵二千，貴溪知縣符建中又派遣舉人劉銳往瀘溪寨，勸楊招受撫出降。不久，丁喜、饒青戰死，餘眾由姚達、李寶率領，轉入粵東梅州，隊伍擴充到一千有餘，再北上建昌、汀州、邵武等地活動。姚達、饒青二人「以萬餘人逼建昌」，被岳飛部將王萬、徐慶打敗，在四望山被俘。[57]紹興二年（1132）十月，李寶被打敗，接受湖北安撫司後軍統制官顏孝恭的招降，餘部在黃琮率領下，堅持到紹興三年（1133）五月。

第三節 ▶ 岳飛在江西的軍事活動

岳飛在中國歷史上的貢獻，不僅表現在抗金戰線上，也體現在他在江西的軍事活動中。他在江西打擊潰兵流寇，有節制地平定盜賊，維持了江西地方的社會安定。他清正廉潔、作風正派，

56　《系年要錄》，卷五十，紹興元年十二月甲戌；卷五一，紹興二年正月壬子。
57　岳珂：《金陀粹編》，卷五，《行實編年》卷二。

治軍嚴明、身先士卒的生活實踐，在江西民眾中留下了深遠影響。紹興元年（1131）正月，岳飛奉命自江陰軍（今江蘇江陰市）引兵來洪州，走到徽州，「有訴其舅姚某騷擾者，飛責之。他日，舅因馳馬射飛，不中，飛擒而殺之」[58]。如此嚴格的維護地方百姓利益，嚴肅軍紀，絲毫不包庇親友故舊，十分難得。岳家軍號稱「凍死不拆屋，餓死不擄掠」，在當時官軍武將恣意掠奪、搜刮錢財的惡劣風氣下，岳飛的言行尤為可貴。這個事例，對其所統軍隊全體成員的教育，有重大的示範意義。

岳飛將母墓安置在廬山，他的後人落籍江州，岳飛與江西百姓的親密關係不下於其河南湯陰老家。

一　對流寇的進討

江西處於南宋統治的腹心地區，既是緊要的軍事戰略之區，又是巨大的財富基地，若是江西的形勢不穩，南宋的大局也就受到威脅。建炎、紹興年間，福建范汝為武裝攻打州縣，勢力很強，但是統治集團中人仍認為「閩中之盜不可急，宜求所以消之；江西之盜不可緩，宜求所以滅之」。這個策略是中書舍人洪擬提出的，符合高宗趙構的心意，於是將岳飛從前線調到江西來。江西本地的官軍素質低，戰鬥力弱，不敵民眾武裝。曾任虔州知州的薛弼說：「章貢有武夫周虎臣、陳敏者，丁壯各數百，皆能戰，視官軍可一當十。」[59]大概出於這種考慮，才將戰鬥力

58　《系年要錄》，卷四一，紹興元年正月己酉。
59　《宋史》，卷三八〇，《薛弼傳》。

強的岳家軍調來江西「滅盜」。

岳飛在江西前後七年，從紹興元年（1131）正月開始，到七年十一月止，前一段時間是討伐馬進、李成潰兵流寇，後一段時間是鎮壓虔州、吉州的農民反抗武裝。

鑒於金兵渡江南侵的傳聞不實，高宗放棄退避饒州的逃跑計劃，決定調兵對付在江西的流寇。命張俊為江淮招討使，要通泰州鎮撫使岳飛「權聽張俊節制，以討李成」。紹興元年（1131）正月，岳飛從江陰軍起程，經徽州祁門進入婺源，江灣人江致恭捐家財助軍餉，並隨軍為幕僚。岳飛路過甲路村，觀賞花橋，賦詩曰：

上下街連五里遙，清簾酒肆接花橋。十年爭戰風光別，滿地芊芊草色嬌。

在靈岩洞留有「岳飛過此」、「觀山」題墨。

二月，岳飛至饒州，與張俊會合，於十五日到達洪州。當時李成據有江州，馬進駐兵南昌西山，控制了贛江西岸地區，形勢對官軍不利。馬進主動挑戰，張俊堅壁不出。馬進遂西寇筠州（治今高安市），知州棄城遁走，城陷。接著，攻陷臨江軍。三月，張俊與諸將商定，從側翼出兵攻擊馬進。初九日，岳飛率三千騎兵為先鋒，配合中部統制官楊沂中，繞道新建縣生米渡過贛江，北向衝擊馬進右翼，雙方激戰於西山玉隆觀前，馬進敗退。十三日，馬進背筠河（即錦江）佈陣，橫亙十五里。岳飛、陳思恭、楊沂中等領兵分兩道夾擊，「沂中夜銜枚渡筠河，出西山，

馳下擊賊」，馬進潰敗，「死者數萬人，俘八千人」。官軍乘勝收
復筠州、臨江軍。

馬進北逃，企圖在建昌（今永修縣）與李成大軍會合。岳飛
率兵緊追馬進，於朱家山「殺獲步兵五千人，斬其將趙萬等」。
之後，岳飛隨張俊大軍與李成的十餘萬流寇對壘於奉新縣樓子
莊，李成設伏失敗，全軍潰退江州。三月二十八日，張俊收復江
州，李成西逃湖北蘄州，岳飛以騎兵追擊，步兵在張家渡過江，
形成步騎夾擊之勢，「殺馬進、孫建及酋領甚眾」，降其卒萬五
千人。李成狼狽走降於偽齊劉豫。這次戰役時間不過一月，從洪
州打到筠州，經江州殺到蘄州，猛打窮追，一舉解除了贛北的大
禍患。

七月，岳飛以功升神武副軍統制，權留洪州「彈壓盜賊」。
八月，他承張俊之命，至分寧縣冷家莊，招降了潰兵張用、一丈
青夫婦，得兵五萬人。張俊於瑞昌縣揀其強壯者留在部下，其他
老弱者有的投岳飛軍，有的投韓世忠軍，有的自營生計。此後，
岳飛又招降了潰散在贛北的馬進部屬，汰去老弱，得兵萬餘人。
十一月，岳飛派部將擒拿建昌軍卒姚達、饒青。不久，岳飛奉命
往湖南征討流寇曹成。

紹興二年（1132）六月，岳飛回軍江州屯駐。這時的江西地
區已是「編戶死於兵火，田廬變為丘墟」，而「九江新遭李成所
破，禍最酷，凋殘甚於他郡」，所以岳飛軍中乏糧。江西安撫大
使李回決定，把岳飛軍分為兩部，一二〇〇〇人屯江州、筠州、
臨江軍、興國軍（在江西路轄區，今湖北陽新、大冶、通山），
另一半駐吉州，俾便分散就糧，減輕江州的錢糧壓力。

紹興三年（1133）正月，岳飛在筠州討平叛將李宗諒、張式。三月，岳飛受命深入贛南，「督捕虔寇」。

二　對虔吉農民山寨的攻滅

虔州、吉州地區是農民群眾進行反抗鬥爭的重要基地，在南宋初期已經凸現出來。這首先是南宋的時局所致，同時也與特定的地緣條件有關。建炎、紹興年間，江西北部地區遭到兵災破壞最重，虔、吉等南部州縣居次，而護衛隆祐皇太后的九員將官、上萬人官軍的叛亂，以及虔州的護衛軍作亂，使各地民眾遭受了深重的災難，加上地方官府的搜刮，最終把民眾逼上反抗之路。安福士紳王庭珪向前來巡視的劉御史說：

> 比年江西盜賊蝟毛而起，虔、吉尤甚。原其所始，皆緣貪吏暴虐，一夫揭桿叫呼，則無告之民易為嘯聚。頃常親見吉州境內巨盜所起，未有不如此也。幸而一方有苟安無事之處，監司乃指為富足之地，督斂無藝，又驅之使盡為盜。……一有調發，監司移文於縣，縣遣悍夫勁卒，搜括鄉村，無以異於寇盜之抄劫，甚至官吏自行，所過聚落雞犬一空，民窮至此，如之何不聚為盜賊。[60]

南宋朝廷在窮於對付金兵南侵之時，暫時顧不上反抗的民

60　王庭珪：《瀘溪文集》，卷二七，《與宣諭劉御史書》。

眾，而在對金戰事趨緩以後，便要調兵鎮壓。從紹興三年（1133）開始江西民眾的反抗鬥爭再起高潮，涉及的地區很廣，而重心在吉、虔二州。主要的首領有吉州龍泉縣（今遂川縣）的彭友、瑞金；會昌縣的鐘十四、郭四閒；興國縣的周十隆，萍鄉縣的高聚；筠州的黃十五；南豐縣的黃琛；分寧縣（今修水縣）的寧鐵龍等等。南宋朝廷命岳飛進入江西專事鎮壓，將民眾反抗的大火基本撲滅。

紹興四年（1134）十二月，吉州又有永豐縣唐英暴動。唐英又名唐小龍，他率領隊伍攻殺州縣官吏，「前後殺知縣並臨江軍都監等九員」，占得永豐、新淦、崇仁三縣之地。後來，江西制置使胡世將雖然派兵將其打敗，但唐英「遁去」。紹興五年至七年之間，繼續有筠州熊清、吉州李安淨、萍鄉縣石鐵牌、鐘牛皮、虔州廖一長、羅洞天等人領導的人馬在活動。南宋官軍雖然憑藉明顯的軍事優勢，把百姓的反抗武裝逐個打敗了，可是官軍的搶劫和淫掠暴行，仍然在激發百姓「叛服無常」，鬥爭時伏時起。紹興十一年（1141），周十隆因衰敗難於支撐，「窮蹙乃降」，此後局面才平靜了較長時間。

岳飛在江西的軍事鎮壓行動，主要是在吉州、虔州兩地進行。紹興三年（1133）初，虔州周十隆（一作周世隆）、鐘超、陳顒（一作陳容）等幾支農民武裝，建寨四百餘，擁眾十餘萬。在此之前，吉州龍泉縣爆發了彭友（又名彭鐵大）、李動天（又名李滿）等十人為首的農民反抗，這十人稱「十大王」，擁眾數萬，來回湘贛之間，「攻破八縣，大段猖獗」。虔、吉二州的農民反抗武裝相互聲援，拒敵官軍，對南宋統治構成了很大威脅，

江西、廣東的地方長官都請求朝廷「專委」岳飛去鎮壓。

　　三月，岳飛接到前往虔州命令，他報告說軍士無春衣，高宗即命戶部給帛一五〇〇〇匹，令吉州榷貨務支錢三萬緡，並詔江西、廣東、湖南三位漕臣接濟食糧。[61]求一給三，足見南宋統治者對虔吉戰事的重視。岳飛率領二四〇〇〇餘步騎向虔、吉進發。四月，到達龍泉縣。這時彭友在龍泉的武陵、烈源、陳田三地紮寨，和北邊的永新縣尹花八農民軍三千多人聯絡，沿山布陣，拒敵官軍。岳飛與張憲、王貴各領一支隊伍，分別從三面發起進攻，奪取隘口。彭友等頑強抵抗，從山上打到山下，戰死者「遍滿山谷」，被俘「老小二萬餘人」。岳飛等人又領兵「於山村搜殺不盡殘黨，捉到賊魁偽十大王彭友、李滿並以次頭領」。

　　岳飛攻滅彭友之後，移師虔州。虔州農民軍結大寨於雩都縣固石洞，「積糧洞上，金帛婦女，皆在其中」。此洞在雩都縣北一百里的固石山，高峻險要，四下皆水，只一徑可上。岳飛駐兵在興國縣衣錦鄉一帶，緊逼農民軍外圍山寨。他派人逼降，農民軍不從，說：「吾寧敗不肯降，毋以虛聲恐我也。」然而，這些手拿武器的農民，敵不過「最整肅」的岳家軍，拚殺的結果，是農民死者「橫屍滿山谷」。餘部退上固石洞，很有信心地堅守大寨，「苟能破山寨而降吾黨，雖死何憾」。岳飛下令用大木搭天橋八座，派兵由天橋上去佯攻，誘使山寨拋打櫃木炮石。幾天之後，山谷填高塞滿，而山寨的木石耗盡，人亦疲累。這時，岳飛

61　《系年要錄》，卷六三，紹興三年三月辛未。

命士卒穿鎧甲，黎明發起強攻。山間晨霧正濃，能見度極低，突然鼓聲震天，殺聲四起，山寨裡的農民軍驚亂莫測，無心拒戰，紛紛搶路逃命，倉促墜崖而死者甚眾。固石洞大寨失陷之後，其他小山寨也被逐一收拾。岳飛奏報這次共「攻破山寨數百餘座，生擒賊首王彥、鐘超、呂添、羅閑十、陳顯、藍細禾、謝敵、鐘大牙、劉八、大五、盧高處置訖，委是盡淨，別無未獲賊徒」[62]。

岳飛忠實地執行高宗對農民軍剿捕「淨盡」的命令，但是拒絕對虔州屠城。在他攻打固石洞山寨之時，高宗以隆祐太后曾經在虔州受到震驚，密令「屠虔城」。岳飛剿平山寨之後，駐軍離虔州城三十里外，上疏請只誅首惡，而赦脅從。「不許。連請不已，上乃為之曲宥」。於是，虔州「市不易肆，虔人歡聲如雷，至今父老家家繪而事之」[63]。

同年六月，岳飛派王貴去袁州（今宜春）及萍鄉，剿滅了高聚、張成兩支隊伍。

九月，岳飛從虔州班師，去臨安覲見，高宗獎賞岳飛「殲滅凶渠之惡，蕩平狡窟之奸」的戰功，賜給「精忠岳飛」四字旗，以示褒揚，並將其官職升為鎮南軍承宣使、江西制置使、神武后軍統制。駐屯地仍是「天設之險，擇形勢於九江」的江州。為了防止虔州百姓「仍復嘯聚作過」，留下五千兵屯虔州，三千人屯

62 岳珂：《金陀粹編》，卷一九，家集十，《虔賊捷報申省狀》。
63 岳珂：《金陀粹編》，卷五，《行實編年》。又，《宋史》卷三六五，《岳飛傳》有相同記錄。

廣州，在江州又一萬人馬。

岳飛這次在江西的軍事行動，留下了多處記錄。新淦縣清泥市蕭寺有岳飛題壁詩：

雄氣堂堂貫鬥牛，誓將直節報君仇。斬除頑惡還車駕，不問登壇萬戶侯。[64]

詩中「除頑惡」之說，表明了岳飛鎮壓農民軍的立場與實踐；「還車駕」則是他念念不忘的奮鬥目標，他為此而堅決抗金，「誓報君仇」，成長為剛直不阿的民族英雄。岳飛的一生事業中的兩面，以後者為主要。

龍泉縣（今遂川縣）盆珠鄉，立有岳飛《平寇記績碑》，文曰：

吉屬龍泉，山寇彭友，竊據縣城。賊首陳容等，流毒虔南地界。紹興三年夏四月，予奉詔命進剿。先鋒張憲、王貴等，間道永新抵泉，駐軍縣之盆珠，干戈四塞蔽野。予一戰擒友，賊眾大敗，逃遁固石洞，依山為壘。六月初旬，提兵由武陵疾驅賊巢，砍死陳容，賊黨餘酋悉降，俘老弱二萬有奇。選其精壯者，盡編入伍從軍。寇平奏凱，居民遮道壺漿以迎王師。惟皇赫濯，丕振

64　趙與時：《賓退錄》，卷一。淳熙間，縣令林梓曾想摹刻於石，恰逢調離，不果。到趙與時嘉定十七年（1224）寫成《賓退錄》，已寺廢壁亡。

聲靈。用伐山石，紀厥功成。**65**

　　碑文所述及縣誌《雜類志・兵事》所記，盆珠鄉的馬軍為當年岳飛駐軍大本營。他命張憲、王貴由永新入龍泉，顯然是要先攻滅永新尹花八農民軍，然後三路合擊彭友，並跟蹤追至雩都縣固石洞。戰事結束後，再回到盆珠駐地，刻石記功。從該碑文所說「賊眾大敗，逃遁固石洞」的情節看，同治《雩都縣誌》「吉州盜彭友據固石洞」的記載，也屬可信。這塊鎮壓農民武裝的記功碑，在江西境內當是第一塊，岳飛是始作俑者。後人仿效為之者，該是明朝的王守仁，他在正德年間鎮壓了橫水、桶崗農民軍後，於桶崗山下附近的茶寮摩崖刻石，留下了又一塊歷史見證。

　　此外，在雩都縣還有牛皋井、李山題壁、羅田岩題字。牛皋井在雩都縣興仁村獅山對岸（今銀坑圩南約 400 米處），據同治《贛州府志》卷十八《輿地・名蹟》載：「牛皋從岳飛平固石，懼溪水毒，鑿以飲軍士者。後人因稱之曰牛皋井」。

　　李山題壁在雩都縣青塘裡清真觀內。李山從岳飛征固石洞至此，在清真觀內戲發一矢，箭頭射入殿角螭吻，迄元代猶存。題詞是：「神武后護軍領統制李山，遵少保命，恭奉朝旨指揮，掃蕩一方之寇，駐軍此觀，忽聞異香，念真像所居，不欲焚毀。」**66**

65　《平寇紀績碑》毀於一九五八年，碑文轉錄自同治《龍泉縣志》卷十七，《藝文志下・碑》。

66　同治《雩都縣誌》，卷十二寺觀，《清真觀》。按，此題壁的文字可疑：

羅田岩在雩都縣郊，北宋時有黃龍禪師結庵羅田岩，岳飛破固石洞之後，慕名探訪，不獲見，岳飛留題：

「手持竹杖訪黃龍，舊穴空遺虎子蹤。深鎖白雲無覓處，半山松竹撼西風」。

明朝嘉靖年間，羅洪先游羅田岩，把岳飛此詩書鐫於石岩上。又岳飛當時題了「天子萬年」四字，鐫於岩壁。這些留題，至今字跡清晰可見。

虔州城內，士民在景德寺右建造了精忠祠，紀念岳飛。明萬曆重修，增掛對聯曰：「但使黃龍飲酒去，何勞白馬渡江來」[67]，對高宗命岳飛鎮壓虔吉山寨一事，隱含批評之意。

三 岳飛定居江州

岳飛定居江州，是南宋對金戰爭形勢所決定。江州位於長江中游，上可增援荊、襄，是鄂州的後盾，下能屏障池州、建康，是兩淮的關防。江州和揚州、鄂州共同構成南宋江防的三大核心。朝廷命岳家軍駐紮江州，正是要發揮它上下馳援作戰的效能。

一、岳飛此時的官職是「神武副軍都統制」，平定固石洞之後，才升為「神武后軍統制」，李山怎能是「神武后護軍領統制」；二、岳飛在紹興十年七月才加官「少保」，李山在紹興三年怎麼就知道「遵少保之命」；三、「遵少保命，恭奉朝旨」的說法，也是大不敬的。全文意思似是李山為這次戰事的最高統帥。因此，筆者懷疑這是觀中道士偽作，藉以提高聲譽。

67 同治《贛州府志》，卷十一，《輿地‧祠廟》。

岳飛駐軍江州多年，尤愛廬山勝景，故在戰事動亂時期，選中此地安家。岳飛母姚太夫人隨軍由安徽入江西，紹興六年（1136）岳飛駐軍鄂州，其母隨軍病故，四月六日，他扶柩還廬山，卜葬於株嶺（今九江縣城沙河街西南約五里處），葬禮隆重，「儀衛甚盛，觀者填塞，山間如市」[68]。當時岳飛連表乞終喪，高宗不許。從此這裡形成岳家市，在南宋時期，由廬山石門澗出官路稍前即岳家市。岳飛家人都在岳家市生活，其湯陰老家逃難而來的鄉親也安置在這裡。岳飛空閒在家時，常去山寺遊觀，與僧人過從甚密。他給東林寺慧海和尚詩曰：

溢浦廬山幾度秋，長江萬折向東流。男兒立志扶王室，聖主專征滅虜酋。

功業要刊燕石上，歸休終伴赤松游。叮嚀寄語東林老，蓮社從今著力修。[69]

紹興十一年（1141）冬，岳飛、岳云父子被害，岳家市備受摧殘。二十年後，紹興三十二年（1162）七月，孝宗追復岳飛元官，以禮改葬（墓在今杭州棲霞嶺下），冤案終於昭雪。其妻李夫人和二子岳雷、岳霖，從嶺南返回潯陽舊居，殘破多年的岳家市重現生機。抄家時「籍沒」的家產也隨之歸還。據戶部《復田

68　王明清：《揮麈錄》，三錄卷三，《岳侯與王樞密葬地一同》。
69　《九江縣誌》，卷二六，《藝文著述・寄浮圖慧海》。新華出版社，一九九六年版，第642頁。

宅符》所載歸還的田宅錢財為：

本部據今來江州申到見在岳飛田產屋宇等，今開具下項：
一、開具到見在田產，計錢三千八百二十二貫八百六十三文省，
田七頃八十八畝一角一步，地一十一頃九十六畝三角，水磨五
所，房廊草瓦屋四百九十八間。……岳家市現今只存六十間，地
基屋宇共二百九十八間。[70]

岳飛的這些田地屋宇，若和一般民戶相比，應該說是富裕的
了。但是，擺在「中興」武將之中，則是微不足道的。比如韓世
忠，是名望很高的抗金將領，他在紹興二年（1132）五月提出，
「欲以錢三萬八千緡，市新淦縣（今江西新干縣）所籍賊徒田
宅」，高宗「詔以賜世忠」。這是高宗對韓世忠真心擁戴自己的
表彰，賜田「御札」中說：「卿遇敵必克，克且無擾。聞卿買新
淦田為子孫計，今舉以賜卿，聊旌卿之忠。故其莊號『旌
忠』」。[71]韓世忠這一次準備拿出的錢，是岳飛全部銅錢的十倍。
至於名望高而人品低的張俊，單是每年收租即有六十萬斛，按對
半分租折算，其田即達一二〇萬畝之多。由此可見，岳飛平生是
清正廉潔的，他曾說：「文臣不愛錢，武臣不惜死，天下太平
矣。」岳飛畢生的赫赫戰功，證明他是不惜死的戰將，而且，他

70　岳珂：《金陀續編・天定別錄》，卷一。
71　羅大經：《鶴林玉露》，乙編，卷二。

真正做到「克且無擾」，不趁亂打劫，不貪錢財。在攻破固石洞大寨之後，他「籍其金帛之藏，盡入備邊激賞庫」，沒有憑統帥的權位竊為己有。

岳飛妻李氏夫人在岳家市終老，於淳熙二年（1175）病逝，享年七十五歲。她留下遺囑：終後葬廬山，陪伴岳母姚太夫人。故其墓在株嶺姚太夫人墓西南約四里處。於是，雙冢賜葬伴廬峰，忠義家訓萃一門。家園、墳塋都在潯陽廬山之下，這裡已是岳飛後代子孫祭祖掃墓的故鄉。一代又一代的子孫在這裡生育成長，讀書出仕。岳霖之子岳珂，青少年時讀書九江，參加洪州漕試中舉。嘉定六年（1213）岳珂三十歲，其母病逝，他回江州料理喪事，遵制守孝。後來，岳珂遭人誣陷，罷官，歸九江賦閒。端平元年（1234），岳珂與在江州族人合作，編撰出第一部《鄂國岳氏世譜》，岳珂寫序。從岳飛開基至此已經百年，家園興起，人丁繁衍，譜牒撰就，完全落籍生根於九江。

九江父老對岳飛致以深切的敬意，對岳家後人儘力予以關懷。乾道六年（1170），建起了岳王廟，亦稱岳忠武王廟（遺址在今九江市甘棠路公安局地段）。

第四節 ▶ 紹興和議與江西人士對屈和的抗爭

一　秦檜當權與「紹興和約」的簽訂

金人在靖康二年（1127）四月建立張邦昌的偽楚政權，約一個月後金兵北撤，偽楚崩潰。建炎四年（1130）七月，金人又在

大名府（今河北大名）立劉豫為帝，國號齊。紹興元年（1131）四月偽齊遷都汴京。此後，金人利用偽齊傀儡控制中原地區，並在對南宋的戰爭中，用它做幫兇。

建炎四年（1130）冬，被金人俘虜的秦檜從楚州回到南宋，對高宗說：「如欲天下無事，須是南自南，北自北」，高宗欣賞秦檜，說「檜樸忠過人，朕得之喜而不寐」，命他為禮部侍郎。紹興元年（1131），秦檜升為參知政事，進拜為尚書右僕射、同平章事兼知樞密院事。高宗授以軍政大權，期待他能加速對金的議和行動，此前對金只是「且守且和，而專與金人解仇議和，實自檜始」。紹興七年（1137）十一月金朝廢除偽齊，在汴京設行台尚書省，答應在南宋稱臣、交納歲幣的條件下議和，歸還徽宗梓宮（徽宗於紹興五年四月死於五國城，即今黑龍江依蘭）及高宗生母韋氏，歸還河南土地。這個信息使高宗十分欣喜，採納秦檜的主張：此事獨與秦檜商議，「不許群臣干預」。正在這時，金朝主張與宋和議的大臣撻懶等被處死，主張繼續侵宋的兀朮掌握了大權，升任都元帥。

紹興十年（1140）五月，金熙宗下令元帥府伐宋。京西戰場是金兵主力所在，由兀朮親自率領；南宋駐有岳飛、劉錡的軍隊。六月初，劉錡以不足二萬人的「八字軍」堅守順昌府（今安徽阜陽），打敗了兀朮的十餘萬人馬，破其精銳騎兵「鐵浮屠」、「枴子馬」，取得了宋金戰爭以來的一次重大勝利。

駐守在鄂州的岳飛，一方面派部將赴順昌，支持劉錡；自己率大軍向中原進發。但是，順昌大捷之後，高宗、秦檜即已滿足，要諸將收兵。六月下旬，司農少卿李若虛奉命向岳飛傳令：

「兵不可輕動，且班師」。然而他看到軍隊已經出動，不可倉促班師，遂對岳飛說：你可以不退，朝廷如果追究「矯詔之罪」，由我承擔。於是，岳飛繼續向北推進。十年閏六月下旬，岳家軍先後收復了蔡州（今河南汝南）、穎昌府（在河南許昌東）、淮寧府（今河南淮陽）、鄭州。同時，在岳家軍聲援之下，抗金義軍收復了汝州（今河南臨汝）、洛陽府、永興軍（今陝西西安）以及伊陽（今河南嵩縣）等八縣。七月上旬，岳飛親率背嵬軍（親軍）和游奕馬軍，在穎昌南面的郾城大敗兀朮的「鐵浮屠」「枴子馬」，追殺二十餘里；中旬，岳飛部將王貴、董先、張憲、岳雲等率軍在穎昌城外與兀朮三萬多騎兵激戰，兀朮敗逃，岳家軍趁勝追擊，直打到離開封府四十五里的朱仙鎮。狼狽不堪的金人驚嘆「撼山易，撼岳家軍難」！他們打算放棄開封，撤到河北去。

南宋官軍對金作戰的勝利，極大地激發了民眾的鬥志，河北抗金義軍壯大到四十餘萬人，亟盼大軍早日渡河。高宗的旨意依然是「班師」。在中部、東部的張俊、劉錡、韓世忠等已經或正在準備後撤，岳飛一軍已成孤軍深入之勢。臨安不斷傳來「不許深入」、「立即班師」的詔令。七月二十一日，岳飛不得不奉詔「班師」。他悲憤地說：「所得諸郡，一旦都休。社稷江山，難以中興。乾坤世界，無由再復」，「十年之力，廢於一旦」。

紹興十一年（1141）正月，兀朮占領了廬州。二月中，宋軍在柘皋鎮（安徽巢湖東北）大敗金兵，收復了廬州。近年來戰場上出現的轉機，表明宋金雙方力量已趨向平衡。而高宗由此認為金人不會再渡江，但自家的武人勢力崛起，必須解決其「跋扈」

之患。四月，以酬賞柘皋戰功之名，把韓世忠、張俊、岳飛召回臨安，任韓、張為樞密使，岳飛為樞密副使，收回了三大將的兵權。接著，密謀加害岳飛，清除這個抗金意志堅決而資歷更淺的武將。

七八月間，秦檜指使岳飛部將誣告岳飛謀反，將岳飛、岳雲、張憲投入大理寺獄。御史中丞何鑄經過反覆審訊後，深知岳飛蒙冤，遂向秦檜說：「強敵未滅，無故戮一大將，失士卒心，非社稷之長計」。秦檜告訴他：「此上意也。」同時改命萬俟卨為御史中丞，加緊進行迫害。韓世忠責問秦檜：岳飛謀反有何證據？秦檜回答說：「飛子雲與張憲書雖不明，其事體莫須有。」韓世忠氣憤地說：「『莫須有』三字，何以服天下乎！」高宗最後「裁斷」：「岳飛特賜死，張憲、岳云並依軍法施行……岳飛、張憲家屬分送廣南、福建路州軍拘管……家業籍沒入官。」[72]紹興十一年十二月二十九日（公元 1142 年 1 月 27 日），將岳飛毒殺，張憲、岳雲被斬首。岳飛，這位南宋傑出的抗金將領，我國歷史上著名的民族英雄，成了高宗、秦檜向金人乞降的犧牲品。岳飛死時三十九歲。

高宗殺了岳飛，完全接受了金人所有的條款，簽下和約，基本內容是：一、南宋向金稱臣，「世世子孫，謹守臣節」；二、宋金疆界，東以淮水中流為界，西以大散關（在陝西寶雞西南大散嶺上）為界，宋割唐（河南唐河）、鄧（河南鄧縣）二州及商

---

72 李心傳：《建炎以來朝野雜記》，乙集卷十四，《岳少保誣證斷案》。

（陝西商縣）、秦（甘肅天水）二州轄區之半予金；三、從紹興十二年（1142）開始，宋向金每年貢銀二十五萬兩，絹二十五萬匹；四、金朝歸還徽宗靈柩和高宗生母韋太后。

「紹興和議」使南宋蒙受恥辱，增加了人民負擔，然而對穩定南宋政局有一定的作用。但是，高宗、秦檜此後唯金人之命是從，進一步加強了投降勢力，不思恢復振起，最終只落得個苟且偷安的結局。

二　胡銓等人對屈辱求和的抨擊

在紹興八年（1138）反對屈辱求和的鬥爭中，江西官僚不顧個人利害，直言極諫高宗。其中以吏部侍郎晏敦復、權吏部尚書張燾、樞密院編修官胡銓三人，最為矚目。

晏敦復（？－？）字景初，晏殊曾孫，故居臨川文港沙河村（今屬進賢縣）。大觀三年（1109）進士。紹興初，遷吏部郎，立朝論事無所避。淮西宣撫使劉光世請以淮東私田換淮西田，高宗允許，而敦復提出批評：「光世帥一道，未聞為朝廷措置毫髮，乃先易私畝」[73]。後升吏部侍郎，兼詳定一司敕令。

紹興八年（1138），金人要宋朝屈居臣下，秦檜力主「屈己」求和，敦復力爭說：「謂之屈己，則一事既屈，必以他事來屈我」。「苟從其一二，則此後可以號令我，小有違異，即成釁端，

73　《宋史》，卷三八一，《晏敦復傳》。以下凡引此傳之文字，不再出注。

社稷存亡，皆在其掌握矣。」秦檜籠絡勾攏如淵等奸庸之人為台諫官，指使他們攻擊反對者。敦復與尚書張燾合奏：「陛下奈何與此輩斷國論乎？乞加斥逐。」秦檜派親信告訴晏敦復：你若曲從，旦夕升為宰執。敦復拒絕：「吾終不為身計誤國家，況吾姜桂之性，到老愈辣，請勿言。」

紹興十五年（1145），晏敦復權吏部尚書兼江淮等路經制使，不久請求外任，以寶文閣直學士知衢州，提舉亳州明道宮。閒居數年，卒，年七十一。

張燾（1091-1165），字子公，德興張根之子，張潛之曾孫。政和八年（1118）進士第三名。建炎三年（1129）通判湖州，苗劉叛亂之後，他上書批評朝政：「陛下踐祚以來，號令之發未足以感人心，政事之施未足以慰人望」。八年（1138）為兵部侍郎，回答高宗為何十年「收效蔑然」的問話曰：和戰不定，或進或卻，為敵所窺，皆因「規模」未先定，致誤大計。不久，權吏部尚書。

高宗「欲屈己就和」，張燾反對，他說：金使之言「廟堂以為信然，而群臣、國人未敢以為信然」，願更加「自修自強」，「謹邊防，厲將士，相時而動」。如果「略國家之大恥，置宗社之深仇，躬率臣民屈膝於金而臣事之，而覬和議之必成，非臣所敢知也」[74]。張燾又和侍郎晏敦復等同僚聯名上奏說：「今日屈己之事，陛下以為可，士大夫不以為可，民庶不以為可，軍士不

---

74 《宋史》，卷三八二，《張燾傳》。以下凡引此傳之文字，不再出注。

以為可，如是而求成，臣等竊惑之。」[75]「自朝廷有屈己之議，上下解體，倘遂成屈己之事，則上下必至離心，人心既離，何以立國？」然而高宗獨與秦檜謀劃乞和，不聽異議。

紹興九年（1139）十月，張燾被命為四川安撫使兼知成都府。四年之後回歸，在家賦閒十三年。

胡銓（？-1180），字邦衡，廬陵人。建炎二年（1128）進士，授撫州軍事判官，未赴任。金兵追隆祐太后至吉贛，胡銓募鄉丁助官軍捍禦。紹興五年（1135），兵部尚書呂祉以賢良方正推薦，除樞密院編修官。紹興八年（1138），胡銓對屈和進行了更犀利的抨擊。他說：

> 王倫本一狎邪小人……今者無故誘致虜使，以「詔諭江南」為名，是欲臣妾我也，是欲劉豫我也……
>
> 而陛下尚不覺悟，竭民膏血而不恤，忘國大仇而不報，含垢忍恥，舉天下而臣之甘心焉。就令虜決可和，盡如倫議，天下後世謂陛下何如主？況丑虜變詐百出……而此膝一屈不可復伸，國勢陵夷不可復振，可為痛哭流涕長太息矣！
>
> 向者陛下間關海道，危如累卵，當時尚不忍北面臣虜，況今國勢稍張，諸將盡銳，士卒思奮……今無故而反臣之，欲屈萬乘之尊，下穹廬之拜，三軍之士不戰而氣已索……臣竊謂不斬王倫，國之存亡未可知也。

孫近附會檜議，遂得參知政事⋯⋯檜曰虜可和，近亦曰可和；檜曰天子當拜，近亦曰當拜⋯⋯臣竊謂秦檜、孫近亦可斬也。

臣備員樞屬，義不與檜等共戴天，區區之心，願斬三人頭，竿之藁街⋯⋯不然，臣有赴東海而死爾，寧能處小朝廷求活邪！⁷⁶

胡銓提出「願斬檜與王倫以謝天下」，充分表達了南宋軍民的心聲，嚴正聲討了屈膝投降者，朝野為之震動，社會反響強烈。宜興進士吳師古即時將其奏疏刻印，廣為傳閱。金朝十分看重胡銓奏疏，「以千金求其書，三日得之，君臣失色曰：『南朝有人』。蓋足以破其陰遣檜歸之謀也。乾道初，虜使來，猶問胡銓今安在」。但是，高宗、秦檜卻驚恐而惱怒，加以「狂妄凶悖，鼓眾劫持」之罪，下詔「除名，編管昭州（在今廣西）」。因眾多朝臣論救，乃改為監廣州鹽倉。不久，改簽書威武軍判官。紹興十二年（1142），秦檜黨羽彈劾胡銓「飾非橫議」，重又「除名，編管新州（今廣東新興）」。紹興十八年（1148），被新州長官張棣密告其與客唱酬，自賦詞云「欲駕巾車歸去，有豺狼當轍」，是「謗訕怨望」，移謫吉陽軍（在今海南省）編管。黎族酋領「聞邦衡名，遣子就學」。二十四年（1254）十一月，再以其他罪將胡銓除名，改永州（今湖南）編管。

76　《宋史》，卷三七四，《胡銓傳》。以下凡引此傳之文字，不再出注。

對胡銓的慘境寄以同情者，也遭到秦檜殘酷的政治迫害。在胡銓謫貶廣州時，朝士陳剛中寫賀啟，讚揚胡銓剛毅極諫：「屈膝請和，知廟堂禦侮之無策；張膽論事，喜樞庭經遠之有人。身為南海之行，名若泰山之重」。秦檜既羞又恨，將陳剛中差往贛州為安遠縣知縣。這是置之死地的陰險做法。贛州轄十二縣，安遠在最南端，處於深山地區，「地惡瘴深，諺曰：『龍南、安遠，一去不轉』，言必死也。剛中果死。」**77**

胡銓編管新州，吉州王庭珪賦詩二首贈行：

其一：「囊封初上九重關，是日清都虎豹間。百辟動容觀奏牘，幾人回首愧朝班。名高北斗星辰上，身墮南州瘴海間。不待他年公議出，漢廷行召賈生還。」

其二：「大廈元非一木支，欲將獨力拄傾危。痴兒不了公家事，男子要為天下 。當日奸諛皆膽落，平生忠義只心知。端能飽吃新州飯，在處江山足護持。」**78**

秦檜讀到此詩愈加羞惱，命江西帥司對王庭珪「鞫治久之」，坐以「謗訕」之罪，將這位已經七十歲的老人流放夜郎（辰州，今湖南西部）。八年後，秦檜死。王庭珪讀韓愈《猛虎行》有感，復作詩曰：「夜讀文公猛虎詩，云何虎死忽悲啼。人

77　《宋史》，卷四七三，《秦檜傳》。
78　王庭珪：《瀘溪文集》，卷十三，《送胡邦衡之新州貶所二首》。

生未省向來事，虎死方羞前所為。昨日猶能食熊豹，今朝無計奈狐狸。我曾道汝不了事，喚作痴兒果是痴。」不久，王庭珪得「自便」。孝宗召為國子監主簿，不留。乾道六年（1170）再召對便殿，又不留，告老終於家，壽九十三。

刊印胡銓奏稿的吳師古，則被貶往袁州。

胡銓在秦檜死後稍微放鬆監管，於紹興二十五年（1255）底改移衡州，紹興三十一年（1161）正月，才得「自便」。三十二年（1162）復官，返回江西，為饒州知州。孝宗與他談話，改對宋金和戰大局，胡銓建議「願絕口勿言和字」。當時朝中大臣十四人參加討論，主和者半，可否者半，言不可和者，只有胡銓一人。張浚輕率出戰，在符離被金人打敗，朝廷上「和戎」之論又起，胡銓繼續反對，說議和若成，則有可吊者十；若不成，則有可賀者亦十。乾道元年（1165）為工部侍郎。後提舉宮觀，歸廬陵，將流放在海南時詮釋的著述加以整理，奏上《易》、《春秋》、《周禮》、《禮記解》。淳熙七年（1180）卒，諡忠簡。

汪應辰，信州玉山人，紹興五年（1135）進士第一名。秦檜力主和議之時，汪應辰上疏指出：和議不諧、異議不息非所患，因循無備、上下相蒙為可畏。為什麼？「金雖通和，疆場之上宜各戒嚴，以備他盜。今方且肆赦中外，褒寵將帥，以為休兵息民自此而始，縱忘積年之恥，獨不思異時意外之患乎？此因循無備之所以可畏也。方朝廷力排群議之初，大則竄逐，小則罷黜，至有一言迎合，則不次擢用，是以小人窺見間隙，輕躁者阿諛以希寵，畏懦者循默以備位，而忠臣正士乃無以自立於群小之間，此

上下相蒙之所以可畏也。」[79]秦檜「大不悅」，將他逐出朝廷，通判建州。他乾脆請祠以歸，住進寺廟，以修身講學為事。

浮梁程瑀，字伯寓，紹興間由兵部侍郎升兵部尚書。因「議論不專以和為是」，遭秦檜忌恨，出知信州（今上饒）。適逢水災，又被秦檜攻擊，遂去官。卒，年六十六。紹興二十五年（1255）秦檜死，程瑀子孫乃免禁錮。

三　朱弁、洪皓在使金過程中堅貞抗爭

在宋金戰事緊張之際，朱弁、洪皓受命出使金朝，被拘留，長期遭受嚴酷磨難，不屈不降，展現了堅貞的抗爭意志，並通過他們的努力，推動了南北之間的文化交流。

朱弁（？-1144），字少章（一作張），自號觀如居士，婺源人，朱熹的叔父。

建炎初，朱弁自請出使金朝，為通問副使，與通問使王倫同行。至云中，朱弁與金軍統帥粘罕辯論，被拘留。他請王倫把印留下：「願留印，使弁得抱以死，死不腐矣。」此後，朱弁藏印懷中，睡覺亦不取出。金人逼他去偽齊為官，不從。又欲其官金朝，也拒絕：「吾官受之本朝，有死而已，誓不易以辱吾君也」。朱弁寫信對洪皓說：「殺行人非細事，吾曹遭之，命也。要當捨生以全義爾。」他將被金兵擄去的士大夫召來飲酒，告訴大家自己選好了墓地，「一旦畢命報國，諸公幸瘞我其處，題其上曰

79　《宋史》，卷三八七，《汪應辰傳》。

『有宋通問副使朱公之墓』，於我幸矣。」

朱弁欲捨生全義的事蹟，陸續傳開，金朝使臣贊其忠節。金國貴人多遣子弟就學。徽宗病卒，朱弁的悼詞有曰：「嘆馬角之未生，魂消雪窖；攀龍髯而莫逮，淚灑冰天」。高宗讀時感動得流淚。

紹興十三年（1143），和議成，朱弁歸來，對高宗說：「盟可守，而詭詐之心宜嘿以待之；兵可息，而銷弭之術宜詳以講之」[80]。又獻出在金國得到的北宋六朝皇帝畫像及徽宗書畫。秦檜惡朱弁說出金人實情，奏請只給小官。朱弁被金人拘留十七年，耗盡心血，已無力再去與秦檜爭鬥，明年（1144）病卒。

洪皓（1088-1156），字光弼，饒州樂平縣人[81]。其先祖在唐末由徽州遷饒州樂平縣岩前（後改名洪源），到了北宋後期，已是饒州的著名大族。[82]政和五年（1115）進士及第，初任兩浙路台州寧海縣主簿，攝令事，繼任秀州司錄。建炎三年（1129）五月，洪皓上書諫阻高宗接近前線，進駐建康。高宗認為他「議論縱橫，熟於史傳，有專對之才」，命他為「大金通問使」。洪皓自汴梁進入山西，剛到太原，即被拘留軍前約一年。及到雲中（今山西大同市），金軍西路統帥粘罕威逼他去偽齊，洪皓反

---

80 《宋史》，卷三七三，《朱弁傳》。

81 《宋史》，卷三七三《洪皓傳》作「鄱陽人」，但趙汝騰《洪忠宣公祠記》作「樂平金山鄉人」，更精確。樂平為饒州屬縣，饒州治鄱陽，而洪氏在北宋後期已住進鄱陽，故稱「鄱陽人」也大致不差。

82 許懷林：《大節凜然照古今——洪皓評傳》，《江西歷史名人研究》，中國人事出版社一九九五年版，第66-71頁。

駁：「萬里銜命，不得奉兩宮南歸，恨力不能磔逆（劉）豫，忍事之耶！留亦死，不即豫亦死，不願偷生狗鼠間，願就鼎鑊無悔」。金軍將領們覺得他是「真忠臣」，免其死，流放冷山（今黑龍江省境內）。從云中到冷山，歷時六十餘天。自寧江州（今吉林省扶餘縣東南的五家店）去冷山，還有一七〇里。冷山地方苦寒，冰天雪地，洪皓在此熬過十餘年，才改遷燕（今北京），及至紹興十三年（1143）返歸，共計被拘留十五個春秋。在此期間，他的生活內容主要有以下幾方面：

一、磨礪節操，誓不屈辱，沒有被艱苦險惡環境擊倒。在冷山，他吃馬糞火上煨的麥餅，住草屋，「圭竇蓽門，俯首折腰，如坐覆盆」。他以蘇武自勵，堅守氣節。

他誓不仕金，說任金官「於親有害，在義當辭」，若要「唯命之從」，自己「豈敢逃死」，必拚命抗爭。

紹興五年（1135），他得悉徽宗病逝，寫祭文悼念：「雖置河東之賦，莫止江南之哀。遺民失望而痛心，孤臣久縶唯嘔血。」精當的文辭表達的真摯感情，使「北人讀之亦墮淚，爭相傳頌」。[83]

二、儘力蒐集情報，傳遞信息。洪皓到達云中之後，通過商人陳忠，給拘押在五國城（今黑龍江省依蘭）的徽宗、欽宗帶去桃、梨、粟、面四樣食品，暗喻逃、離、束、冕之意，使他們知

83　洪邁：《客齋隨筆‧三筆》，卷八，《徽宗薦嚴疏文》。

道了趙構已經逃離河北，束冕登基，重建宋朝與金人抗衡。[84]這是以機智而巧妙的方式覲見君王，履行著臣子的使命，同時也是鼓舞被俘者的生活勇氣。

紹興十年（1140），洪皓寫出數萬字的情報，藏在棉絮中，讓「諜者」趙德帶到臨安。他告訴高宗：「順昌之役，金人震懼奪魄，燕山珍寶盡徙以北，意欲捐燕以南棄之。王師亟還，自失機會，今再舉尚可。」並且說金人所大畏服者是岳飛，他們不敢稱其名，而稱「爺爺」[85]。第二年冬，洪皓又密送情報說：「金已厭兵，勢不能久。異時以婦女隨軍，今不敢也。若和議未決，不若趁勢進擊，再造反掌爾」。還說，胡銓要求斬秦檜等三人頭顱的奏疏，流傳金國，「金人知中國有人，益懼」。洪皓在被拘留的最後四年裡，密送軍情九次，使南宋瞭解更多敵情，有利於組織軍事反擊，鼓舞抗金士氣。可悲的是，趙構、秦檜求降的決心已定，對這些情報全都不予理會，致使洪皓枉費了心血。

三、與金朝官民和睦相處，做弭兵休戰工作。在冷山期間，金朝的陳王悟室佩服他的文章氣節，「使教其八子」。洪皓利用這層特殊關係，對悟室父子開展教育工作。有人建議悟室攻取西蜀，悟室徵求洪皓的看法，「皓力折之」，說：「兵猶火也，弗戢將自焚。自古豈有四十年用兵不止者。」對悟室兒子彥清、彥亨、彥隆、彥深等人，洪皓既教其儒學文化，又引導他們「修文

84　《宋史》，卷三七三《洪皓傳》，又卷三七一《王倫傳》。
85　岳珂：《金陀粹編》，卷二十，《籲天辯誣通敘》。

止戈」，不走征戰的老路。這些教育工作取得一定成效。

四、不忘詩書，勤於著述，傳播儒學文化。洪皓在漫長的拘留年月中，讀書解愁，以寫作抒發情懷。他細心觀察北國人民生活，熟習其風俗習慣，記錄下很多見聞。他以《春秋》經及三傳為基礎，闡發其中的「褒貶微旨」，作詩千篇，被「北人抄傳誦習」，廣為流布。

紹興十三年（1143）八月，洪皓回歸，高宗稱讚他「忠貫日月，志不忘君，雖蘇武不能過」。洪皓告訴高宗，金人聽說岳飛被殺，「諸將莫不酌酒相賀」！又批評說，臨安只是漸時居止，卻大興土木，「豈非無中原意乎」？……這些敏感的話題，刺痛了高宗、秦檜的心病，所以遭到冷落。

不久，洪皓在和秦檜的談話中「語及虜事，因曰：憶室然否？別時托聲。秦色變」[86]。秦檜早已隱瞞和室然的交往，現在被洪皓揭出，使「檜怒益甚」。秦檜警覺到：洪皓對金朝瞭解太多，留在朝中是個禍根，遂把他逐出朝廷，知饒州，這距他在學士院不足一個月。繼而指使爪牙接連彈劾，遂於紹興十七年（1147）削奪洪皓官職，遠貶嶺南英州（今廣東英德縣）。

接連拘禁流放生活，使洪皓受到的心理打擊太大，北國的嚴寒與嶺南的瘴毒，又使他體質衰退，到他被貶九年的時候，已經

---

86 洪适《先君述》所記，在《宋史》卷四七三《秦檜傳》得到印證：「室然者，粘罕之左右也。初，粘罕行軍淮上，檜嘗為之草檄，為室然所見，故因皓歸寄聲。檜意士大夫莫有知者，聞皓語，深以為憾，遂令李文會論之。」

重病不起。紹興二十五年（1155）秋，得到復官、居住袁州（今宜春）的寬待。十月二十日，他北返至南雄，已無力過大庾嶺進入江西，含恨謝世，終年六十八。當地人士悼念他，卻畏懼秦檜網布的爪牙誣陷，祭文只「謹以清酌之奠昭告於某官之靈」十三字，人們還不知道秦檜在二十一日已死，所以悼詞出奇的簡短。[87]

洪皓「為檜所嫉，不死於敵國，乃死於讒慝」！一個「忠義絕人」之士，竟遭貶死，這是認識高宗、秦檜朝政的一個典型事例。

---

87 洪邁：《容齋隨筆》，卷十五，《張子韶祭文》。

第二章 ————

南宋中期、後期政治與
江西民眾的反抗活動

第一節 ▶ 孝宗至理宗的朝政與江西官僚

一 「隆興和議」與陳康伯

金熙宗皇統九年（南宋紹興十九年，1149），完顏亮奪得帝位，歷史上稱為海陵王。完顏亮將都城從上京會寧府（今黑龍江阿城縣白塔子）遷至燕京，改名中都。之後開始營建汴京，準備深入河南，發動侵宋戰爭。

紹興三十一年（1161）五月，金使來宣讀完顏亮的「聖旨」，告訴天水郡公（宋欽宗）已故；今後金、宋以長江為界，漢水、長江以北土地盡歸金朝。對此侵略威脅，朝中投降派主張逃跑，甚至說斬一兩個好用兵者，「則和議可以復固」。又傳說高宗打算逃閩、蜀。這時，左相陳康伯（江西弋陽縣人）力主抗戰。八月完顏亮兵分四路南侵，由於宋軍將領有的畏縮，有的潰逃，金兵在十月渡過淮河，十一月初進抵長江北岸。高宗突然拿出手諭：「如敵未退，散百官。」康伯將它燒掉，說：「百官散，主勢孤矣」，應下詔親征。於是，命知樞密院事葉義問督江、淮軍馬，中書舍人虞允文為參謀軍事。

完顏亮帶領四十萬大軍企圖從採石磯渡長江，被虞允文率領的宋軍、民兵打敗，轉入揚州，強令三日內在瓜洲（鎮江對岸）渡江，否則盡殺諸將。他如此急於渡江，既因採石磯大敗，又因完顏雍在遼陽府（今遼寧）自立為帝，是為金世宗，下詔廢完顏亮。揚州金軍將領密謀：進有再被宋軍打敗之險，退有被殺之憂，等死不如反抗。遂發動兵變，將完顏亮射殺在營帳內，主動返回。

紹興三十二年（1162）三月，金世宗遣使來告登位。六月，宋高宗宣布退位，皇太子即位，是為孝宗。陳康伯以左相兼樞密使。金世宗開始部署對宋新的軍事進攻。南宋孝宗也在準備北伐，任命張浚為樞密使，都督江淮東西路軍馬，負責用兵事宜。他在得到孝宗同意後，繞開三省，直接命令李顯忠、邵宏淵等出戰。李顯忠小勝即驕，犒賞不公，傲慢輕敵，隨即在宿州及其北面的符離集潰敗，李顯忠、邵宏淵大軍和民夫等「十三萬眾，一夕大潰……二將逃竄，莫知所在」[1]。敗信傳來，張浚「窘懼無策」，奏請遣使議和。孝宗怒道：「方敗而求和，是何舉措！」責降了張浚及李顯忠等。

隆興元年（1163）十二月，陳康伯因病辭去左相。二年八月，判紹興府。十月，金兵再次進攻兩淮，孝宗詔回在紹興的陳康伯，覆命為左相兼樞密使。鑒於金朝的軍事壓力以及太上皇帝的牽制，孝宗和陳康伯決定議和，對金做出讓步，於十二月正式簽訂和議：

（1）金宋之間的君臣關係改為叔侄關係；

（2）「歲貢」改稱「歲幣」，銀絹由各二十五萬匹兩減為各二十萬匹兩；

（3）疆界恢復紹興和議定下的狀態，宋把完顏亮南侵失敗時得到的商、秦、唐、鄧、海、泗六州割還金朝；

1　周密：《齊東野語》，卷二，《符離之師》。

（4）「歸被俘人，唯叛亡者不與」。[2]

這個「隆興和議」，與紹興和約基本相同，南宋得到的是名分上的改善，銀絹減少十萬匹兩，是實在的，而每年必給的四十萬匹兩「歲幣」，依舊是南宋百姓的重負。

二　孝宗的統治與周必大

孝宗繼位時，已經三十六歲，對向金稱臣感到羞恥，不滿於屈降苟安政策，有改變現狀的要求。但又不能不考慮高宗的壓力，對太上皇帝曲盡子道。

接過皇權幾天之後，下令恢復勒停人胡銓的官職，命為饒州知州。隨後為岳飛平反，追復岳飛原官，以禮改葬。又給岳飛六個孫子官職，發還岳飛原來的田地房屋。隆興元年（1163）二月，又下令驅逐秦檜黨人，禁止這些人擅自至臨安來。然而起用張浚發動北伐，軍事失利，簽下「隆興和議」，不得不轉為固守的對策。

孝宗在轄控臣僚、強化統治方面，一開始就顯示其帝王權威，表達其無可抗拒的旨意。隨意罷黜大臣，頻繁更換州軍長吏，是孝宗朝的特色。他問大臣：我「在位久，功未成，治效優劣，苦不自覺」，周必大（江西廬陵人）書面回答：「陛下練兵以圖恢復而將數易，是用將之道未至；擇人以守郡國而守數易，是責實之方未盡。諸州長吏突來忽去，婺州四年易守者五，平江

2　《宋史》，卷三三，《孝宗一》。

四年易守者四，甚至秀州一年而四易守，吏奸何由可察，民瘼何由可蘇」。

淳熙七年（1180）命周必大為參知政事，孝宗訓以朋黨問題，周必大答：「大臣自應互相可否。自秦檜當國，執政不敢措一詞，後遂以為當然。陛下虛心無我，大臣乃欲自是乎？惟小事不敢有隱，則大事何由蔽欺」[3]。這個回答極為精當，既肯定了「和而不同」原則，更點明秦檜專制惡果流毒，孝宗你要做到「虛心無我」，大臣就不致有欺蔽。

八年九月，周必大知樞密院事。對與金人的和戰，他主張「鎮之以靜，唯邊將不可不精擇」。顯然，孝宗在幾次較量之後，放棄了先前急於用兵的政策，贊同持重的方針了。

淳熙十四年（1187）三月，周必大為右丞相。十六年（1189）正月，升為左丞相。孝宗仿照高宗的樣子，禪位太子光宗，周必大全力贊襄，做成了這件大事。

三 光宗的朝政與趙汝愚

光宗當皇帝僅五年，年號紹熙，內外朝政基本仍舊，開始時也實行過一些開明的政策，例如多次下詔減免賦稅；起用趙汝愚（江西餘干人）、陳亮等一批人才；整頓吏治，執行贓吏連坐法，前宰相趙雄、周必大都因所薦舉官員貪污而受降級處分。兩三年之後，光宗原有的「心疾」加重，難以繼續過問朝政，大權

---

3 《宋史》，卷三九一，《周必大傳》。

落入李皇后之手。

趙汝愚是宋太宗長子楚王元佐的七世孫，有文武威風。光宗不顧高宗定下宗室不為執政的規矩，將他由吏部尚書擢為知樞密院事。紹熙五年（1194）六月，壽皇（孝宗）病死，光宗拒絕大臣奏請，不出來主持喪禮，拒絕立皇太子。左丞相留正和趙汝愚商定，擬請太皇太后（高宗皇后吳氏）垂簾主持喪事，由她在簾前立嘉王趙擴（李皇后之子）為太子，以便代替光宗監國、執喪。太皇太后開始不同意。這時，趙汝愚、工部尚書趙彥逾、知閣門事韓侂胄等人為了挽救統治危機，祕密策劃，強迫光宗「禪位」。當此危急之際，留正生怕捲入宮廷內部的權力爭鬥，藉口腳傷，力請致仕，逃往臨安城外。

韓侂胄與後族有親密的關係，其母是太皇太后之妹，其妻是太皇太后的侄女，而嘉王正妻是他的侄女，所以對「禪位」嘉王之事積極參與。由於他的活動，太皇太后終於同意「垂簾」，讓光宗退位。七月初四，舉行垂簾、禪位儀式，依趙汝愚擬就的文字下詔：「皇帝以疾，未能執喪。曾有御筆，自欲退閒。皇子嘉王，可即皇帝位。」嘉王即位，是為寧宗，冊正妻韓氏為皇后，於是韓侂胄與兩宮的關係進一步親密。

四　寧宗朝的禁偽學與嘉定和議

1. 禁偽學與「慶元黨案」

趙汝愚以「定策功」遷樞密使，再進為右相。他薦用了一批人才，掌握了內外言路，形成了以他為首的官僚集團，其中天章閣待制兼侍講朱熹、侍御史章穎（江西新喻人）、吏部侍郎彭龜

年（江西清江人）、中書舍人陳傅良等，都是有名望的道學家。至於同有「定策功」的趙彥逾、韓侂冑兩人，趙汝愚卻以宗室、右戚為由，加以抑制，招致他們的極大不滿。

韓侂冑只得個樞密都承旨的兼官，但其特殊的親戚身分和承擔傳達皇帝詔旨的職責，使其「浸見親幸」[4]，權勢重於宰相。紹熙五年（1194），吏部侍郎兼侍讀彭龜年奏彈韓侂冑之奸：進退大臣，更易言官，假托聲勢，竊弄威福，不去必為後患[5]。但寧宗對侂冑仍信任不疑。

韓侂冑控制著「御批」，任用親信為言官，代替陳傅良、彭龜年等，操縱了朝廷輿論。慶元元年（1195）二月，趙汝愚遭彈劾：「以同姓居相位……植私黨，以定策自居，專功自恣」，罷去相位。十一月，監察御史胡紘劾奏趙汝愚「唱引偽徒，謀為不軌」[6]，將他謫貶湖南永州（今湖南零陵）安置。韓侂冑「密諭」衡州知州錢鍪「圖之」。慶元二年正月，趙汝愚走到衡州（今湖南衡陽），「暴薨」，他這突然死亡，該是錢鍪奉命「圖之」的結果。

接著，與「慶元黨案」。朱熹的侍講官此前已被罷去，接著趙汝愚被貶死，朝中官員和太學生忿忿不平，上書理論，韓侂冑「以汝愚之門及朱熹之徒多知名士，不便於己，欲盡去之，謂不

4　《宋史》，卷四七四，《韓侂冑傳》。以下凡引此傳文字，不再注出。
5　《宋史》，卷三九三，《彭龜年傳》。
6　《宋史》，卷三九二，《趙汝愚傳》。

可一一誣以罪，則設為偽學之目以擯之」。[7]於是，接連下詔：禁以偽學取士，朝官、監司、帥守勿用偽學之人。借學術打擊政敵，便於廣泛排除異己，成了宋朝傳統的政治鬥爭伎倆，多次重複出現。慶元三年（1197）十一月，編制「偽學逆黨籍」，打入逆黨的共計五十九人，其中江西共十人。他們的身分構成是：宰執四人（江西 2 人：餘干趙汝愚、盧陵周必大），待制以上十三人（江西 5 人：婺源朱熹、清江彭龜年、新余章穎、崇仁何異、龍泉孫逢吉），餘官三十一人（江西 3 人：新淦曾三聘、都昌黃灝、臨川王厚之），武臣三人，士人八人。對這些「得罪著籍者」，不得重用，只能「與閒慢差遣」[8]。在宰執、待制以上的主要成員中，江西共七人，占百分之四十一點二。「偽學」兩個領袖都在江西，骨幹的比重又很大，可見受打擊之重，但也從反面展示了江西學術旺盛氣象。

在禁偽學的政治風暴中，凡是舉薦官員，參加科舉考試，都要在「結保」書中聲明：「如是偽學，甘伏朝典」！於是有些嗜利無恥之徒，往往「旋易衣冠」，以示區別。

在韓侂冑專權淫威高壓下，譽為有氣節的大臣京鏜卻緘口不言。京鏜，南昌縣京家山人，字仲遠，紹興二十七年（1157）進士。孝宗時出使金朝，力爭禮儀，金世宗稱他為「南朝直臣」，宋孝宗對輔臣曰：「士大夫平居孰不以節士自許，有能臨危不變

7　《宋史》，卷三九四，《胡紘傳》。

8　《宋史・記事本末》，卷二一，《道學崇黜》。

如鐙者乎」！[9]紹熙五年（1194）七月，京鐙為簽署樞密院事、參知政事。慶元元年（1195）四月，除知樞密院事。二年正月除右丞相。三、四、五年丞相只他一人。六年（1200）閏二月，升為左丞相，半年後病卒，謚莊定。在這五六年內，他「一變其素守，於國事諱無所可否，但奉行侂冑風旨而已。又薦引劉德秀排擊善類，於是有偽學之禁」。京鐙晚年得政，放棄節義，朋奸取容，遭人譴責，殊足鑒戒。

韓侂冑禁偽學以來，完全把持了朝政，遂準備發動對金戰爭，希圖「立蓋世功名以自固」。又「恐不免報復之禍」，遂稍示更改，嘉泰二年（1202）二月請寧宗弛偽學之禁，基本結束了這場政治傾軋。

2. 開禧北伐與「嘉定和議」

韓侂冑為準備對金戰爭，起用了堅決主張抗金的官員，在四川、荊襄、兩淮等地招募士兵，打造戰車、戰船。開禧二年（1206）四月，出兵攻打泗州（今江蘇盱眙西北），五月，下詔伐金，史稱「開禧北伐」。十月，金兵開始反攻。三年（1207）夏天，轉入相持狀態，而韓侂冑面臨宮廷內外政敵的致命打擊。支持他的太皇太后吳氏、皇后韓氏已去世，新立的皇后楊氏，曾遭韓侂冑反對，她要伺機報復。吏部侍郎史彌遠素來與韓侂冑不和，他倆調動皇宮衛兵，在十一月初三將韓侂冑槌死。

寧宗朝廷在史彌遠、楊後的操縱下，主動撤掉各地的招撫

使，告訴金人已殺韓侂胄，以示求和誠意。嘉定元年（1208）三月，史彌遠卑劣地將韓侂胄之頭割下送金。九月，雙方重訂和約，宋朝給金朝的歲幣銀增至三十萬兩，絹增至三十萬匹，另給犒軍銀三百萬兩；疆界恢復紹興和議所劃界線。這就是更為屈辱的「嘉定和議」。

史彌遠把持朝政以後，對金妥協投降，回覆到高宗、秦檜時期的老路。在大肆貶黜韓侂胄親信的同時，為趙汝愚、朱熹等人平反，生者召回，死者褒贈，號稱「更化」。通過「更化」，一度受到壓抑的道學復起，逐漸得勢，興盛起來。嘉定和議之後，南宋統治集團「志氣愈墮，宴安鴆毒之禍作，浮淫冗蠹之事興」[10]，加速走向衰落。金朝也因內部矛盾加劇、蒙古迅速崛起而衰敗，故而南宋還維持五十餘年的統治。

五　理宗的朝政與余玠治蜀

1. 史彌遠把持朝政

從嘉定二年（1209）至紹定五年（1232），是史彌遠獨相的時代，他把持朝政二十五年，廢寧宗，立理宗，影響重大。

寧宗愚笨不慧，身體羸弱，主政能力很差，而史彌遠挾擁立之功，以宰相兼樞密使，將政權、軍權集於一身，又有皇后楊氏做內應，從吏部奪取官吏任命大權，以爵祿市私恩，培植個人勢力。他把親信安插在台諫位置，控制朝廷輿論，「其所彈劾，悉

10　真德秀：《西山文集》，卷二，《上殿奏札一》。

承風旨」，絕對排斥異己。但他「愛惜名器」，官職不妄與人，其密友、兄長、外甥等都未給顯官，「俱止武訓郎而已」。兩個兒子沒有考取進士，在他病危之前無一人出仕為顯宦。

寧宗晚年，有策立皇子趙竑之意，史彌遠怕新君即位後失去權柄，從紹興民間找到一個宗室小孩，接進皇宮養起來，名為趙貴誠，準備替代趙竑。嘉定十七年（1224）八月，寧宗病重。史彌遠稱詔以趙貴誠為皇子，改名昀。閏八月，寧宗病死，史彌遠與楊皇后密謀，矯詔稱遺命趙昀嗣皇帝位。然後，以新君名義改封趙竑為濟王，賜第湖州居住。四個月後，史彌遠遣醫官給趙竑治病，「諭旨逼竑縊於州治」。如此惡毒的政治陰謀，激起部分朝廷官員的公開抗議。大理評事胡季昭（盧陵人），上書直言濟王趙竑之冤，被貶「遠惡州軍」——象郡（大約在今廣西崇左市）。人們將他與胡銓彈劾秦檜同等看重，說「盧陵一小郡，百歲兩胡公」。但他未能遇赦返回，而是和同去的弟弟一道死在貶所。[11]

2.「端平更化」中的衰退

紹定五、六兩年，楊太后和史彌遠接連死去，理宗得以「親攬朝綱」，結束十年的傀儡日子，改年號端平，史稱「端平更化」。

11　羅大經《鶴林玉露》卷十六載，「季昭之兄子建，弟國賓，皆博學能文，瑰奇負氣，兄弟友愛最隆，不蓄私財，有無盡費於朋友。得罪之日，囊無一錢，子建挈家歸，賣文以活。國賓奮然徒步，從其兄於貶所，國賓先歿，季昭繼之。端平更化，詔許歸葬」。

所謂「更化」，是斥逐那些聲名狼藉的史彌遠親信，起用曾被排斥和打擊的一批官員，重用道學（理學）名臣。理宗給道學恢復名譽，即位第二年下詔贈沈煥、陸九齡官，錄張九成、呂祖謙、張栻、陸九淵子孫官；第三年又表彰朱熹，說朱熹《四書集注》「發揮聖賢蘊奧，有補治道」，特贈太師，追封信國公。[12]端平元年（1234），下詔給黃幹、李燔、李道傳等七人賜諡、復官、優贈、存恤、錄用其子，理由是他們「皆扼於權奸，而各行其志，沒齒無怨」。淳祐元年（1241）正月十五，再次下詔褒揚道學，令學官將周惇頤、張載、程顥、程頤、朱熹「列諸從祀，以示崇獎之意」。

理宗重用一批道學名家，如真德秀、魏了翁、洪咨夔等老臣，希圖通過他們革新朝政，改善統治局面。但是結果不佳，未見革新政治的成效。「自更化以來，美意雖多，實政未究」，理宗也認為「虛論誠無益於國」[13]。正是在這種情況下，官吏貪濁成風，百姓負擔繼續加重，政局日益走向下坡。端平元年（1234），魏了翁對理宗說，財用不足的重要原因是「賄賂公行，牧守監司斂百獻十，民力凋耗」[14]。鑒於「贓吏滿天下」的現實，劉克莊提出「沒入大贓吏數十家之貲」，乃是「裕國寬民之要方」[15]。國家財富被貪官所吞噬，是統治嚴重衰敗的突出特徵。

12　《宋史》，卷四一，《理宗一》。

13　《宋史全文》，卷三二，端平三年六月癸巳。

14　魏了翁：《鶴山集》，卷一九，《內引奏事第四札》。

15　劉克莊：《後村集》，卷五一，《備對札子》。

衰敗的另一面是箝制言論，濫施政治迫害。寶祐年間，臨川布衣曾極，字景建，只是在一首詩中說：「九十日春晴景少，一千年事亂時多」。就遭史彌遠惱怒，以「訕謗」罪貶謫道州。[16]他深感情勢險惡，「家山千里雲千迭，十口生離兩地愁」（《往春陵》），竟死於貶所。

3. 聯蒙滅金之後的危機

寶慶二年（1226），成吉思汗西征歸來，率大軍侵入西夏，第二年七月西夏主出降。西夏立國至此一九〇年而亡。蒙古解除了西顧之憂，轉而全力攻打金朝。

成吉思汗在西夏投降前幾天病死軍中，繼位的窩闊台繼承父親遺志，「假道於宋」而滅金。紹定四年（1231），四川制置使桂如淵屈服於蒙軍壓力，向蒙軍提供糧草，派人引導蒙軍進入河南，打敗金朝主力，金哀宗退出汴京，逃往蔡州（今河南汝南）。

紹定六年（1233）秋，金軍攻打南宋，企圖護送金哀宗進四川。南宋京西兵馬鈐轄孟珙大敗金兵，粉碎了金人西逃的計劃。接著，孟珙、江海等率軍二萬，糧三十萬石，應約與蒙軍合圍蔡州。端平元年（1234，金天興三年）正月，宋軍率先從南門攻入城內，金哀宗自縊而後焚死。金朝建立一二〇年，至是而亡。

16　羅大經：《鶴林玉露》。又，《宋史》四一五，《羅必元傳》載：（撫州）「郡士曾極題金陵行宮龍屏，忤丞相史彌遠，謫道州」。今查曾極《金陵百詠》，無此詩句。

端平二年、三年，蒙軍兩次侵入四川，成都失陷，城郭被焚燬一空，居民慘遭血洗。嘉熙三年（1239）八月，數十萬蒙軍又一次入蜀，次年攻打重慶府。四川地區遭受蒙古軍隊這幾次蹂躪，成都喪失了鎮守四川的中心地位，東部重慶的戰略地位日益凸顯。

蒙軍另一支自河南進攻襄陽，宋朝守將趙范朝夕飲酒取樂，戰備廢弛，端平三年（1236）三月，襄陽落入蒙軍掌握之中。襄陽喪失，不僅幾十萬錢糧、弓矢器械資助了敵軍，而且荊襄邊防洞開，襄州失則江陵危，江陵危則長江之險不足恃。

在兩淮地區，也遭受蒙古軍隊的入侵騷擾。

當年北宋聯金滅遼，隨即引來金兵打進汴京，葬送了自己。現在理宗又聯合蒙古滅金，最後又是引火燒身，讓自己被盟友攻滅。歷史在這裡重演，偶然中隱含著必然。

4. 余玠治蜀被讒忌而死

在抗禦蒙古的鬥爭中，余玠立下了功勞。蒙古攻打南宋的首要大目標是四川地區，這裡是臨安的大後方，控制了四川，不僅囊括了蜀之財富，而且軍事上形成了對江南的大包圍。所以，對四川的防守，事關南宋安危，守帥是否得人，影響及於全局。淳祐二年（1242）底，理宗命余玠統轄四川，是巧妙的一著。

余玠（？-1253），字義夫，江西分寧（今修水縣）人，僑寓蘄州（今湖北蘄春南）。余玠在白鹿洞書院讀書期間，因打死人，走投淮東制置使趙葵幕下，在抗擊蒙古軍戰鬥中，多次立功，升任淮東制置副使。淳祐二年（1242）五月，赴臨安見理宗，直言重文抑武之弊：「願陛下視文武之士為一，勿令偏有所

重。偏必至於激,文武交激,非國之福」。理宗同意這個見解,讚揚他「人物議論皆不常,可獨當一面」[17]。十二月,授兵部侍郎、四川安撫制置使、兼知重慶府、兼四川總領、兼夔路轉運使,令其「任責全蜀」,一應軍行調度「權許便宜施行」。余玠臨危受命,手握軍政全權,給蜀人帶去希望。

他首先注意招攬賢才,發揮眾人的積極性。在帥府旁邊設置招賢館,凡是前來建言獻策者,一概以禮相待,博得大家信任,故而投奔者多。隱居西川播州(今貴州遵義)的冉璉、冉璞兄弟,有文武才略,慕名前來,建議守西蜀的關鍵是將合州(今重慶市合川)城遷至釣魚山,「若任得其人,積粟以守之,賢於十萬師矣」。余玠完全贊同這一建議,力排異議,經奏准命冉璉為權發遣合州知州,冉璞為權合州通判,專任修築釣魚城和遷徙合州之事。

其次,整飭防務,推廣建築山城的經驗,先後建成了青居城(在南充青居山)、大獲城(在蒼溪大獲山)、釣魚城(在合川釣魚山)、雲頂城(在金堂雲頂山)、天生城(在萬縣天生山)等十餘座山城,「屯兵聚糧為必守計」。余玠將利州州治遷移至雲頂城,閬州州治移至大獲城,合州州治移至釣魚城,順慶府府治移至青居城,隆慶府府治移至苦竹城(在劍閣北面小劍山)。又分別調軍駐守諸山城,構成一個完整的防禦體系。[18]

17　《宋史》,卷四一六,《余玠傳》。以下凡引此傳文字,不再出注。
18　關於山城建築,據四川大學胡昭曦教授《略論南宋末年四川軍民抗

淳祐四年（1244）正月，余玠兼任四川總領財賦、屯田使，又開展整頓財賦事宜。他組織屯田，恢復和發展糧食生產，滿足軍糧供應；減輕賦役，以寬民力；少征商稅，以通商賈，促進城鄉物資交流。

軍事方面，余玠既抓兵力部署、加強防禦設施，又整肅軍紀，「誅潰將以肅軍令」，提高軍隊戰鬥力。然後率領軍民抗擊入侵的蒙軍，取得一系列勝利。當時樞密院報告說：四川帥臣余玠，大小三十六戰，多有勞效，宜第功行賞。

在余玠治蜀期間，四川制置司總結的作戰經驗是：「一曰待敵，不可輕戰；二曰保山險，不可散居平地；三曰用夜劫，不可晝戰；四曰收聚糧食，勿以資敵。其（來）則以諸國（軍）唇齒相依，利害相關，平時不可分彼此，緩急必須相為之救援」。[19]南宋朝廷將這套經驗向其他戰區推廣，指導各地抗擊蒙（元）的戰爭。由於四川的軍事防禦力量得到了提高，有效地阻止了蒙軍的侵擾，朝廷撤回了派進四川的援軍，加強長江中下游防線的兵

擊蒙古貴族的鬥爭》研究統計，包括余玠之前和之後所修築的山城在內，共有八十餘所，分布在岷江、沱江、涪江、嘉陵江、通江、南江、巴河、渠江、長江流域，「這些山城寨堡的修築，並非始自余玠，而是很早以前四川地區在戰爭時期就已開始修築。但是，構成一個防禦體系，則是從余玠開始的。這是四川軍民在過去基礎上的發展，也是余玠等人對四川軍民戰鬥經驗總結」。（文載《宋史研究論文集》上海古籍出版社 1982 年版，第 374-409 頁。）

19　《楊文神道碑》，載《貴州省墓誌選集》，貴州省博物館一九八六年十二月編印。轉引自何忠禮、徐吉軍《南宋史稿》，杭州大學出版社一九九九年版，第 339 頁。

力。

淳祐十年（1250）冬，余玠率諸將巡邊，進攻蒙古侵蜀的重要據點興元府（今陝西漢中），未能攻下。第二年冬，部將王堅再次攻打，終於收復了興元府。十二年（1252）二月，余玠帥俞興等將領打退了蒙軍對成都、嘉定（今四川樂山）的進攻。此後，蒙軍也就地築城駐守，屯田積糧，且耕且戰，雙方轉入對峙狀態。

為改善吏治、剷除腐敗，余玠著力消除地方宿弊，卻招來讒毀。右丞相謝方叔之姪正在雲頂山城中，與統制姚世安蒐集余玠的短處，供謝方叔在理宗面前污損誹謗。而余玠卻慶幸蜀中安靜，「久藉『便宜』之權，不顧嫌疑，昧於勇退，遂來讒賊之口」。寶祐元年（1253）五月，理宗召余玠回臨安。已經鬱鬱不樂的余玠更不自安，七月十七日突然病卒，「或謂仰藥死」。

余玠去世，「蜀之人莫不悲慕如失父母」。寶祐二年（1254）七月，理宗又聽信讒言，給余玠加上「鎮撫無狀，兵苦於征戍，民困於徵求」的罪狀，抄余玠家產，以「犒師振民」。蜀中軍民無不寒心，嗟怨再三。

余玠治蜀，在軍政財諸方面均有建樹，卻最終慘敗於腐敗官僚之手。朝廷的無端猜忌，權臣的惡意攻擊，使棟梁人才，壯志難酬，齎志以沒。後果是渙散了士氣，摧殘了國力，加速了南宋的滅亡。明朝人總結這段歷史教訓說：「宋之不競，若天有以限之者，才得一人，讒忌即入……迨嘉（熙）、寶（祐）間，殘金雖亡，蒙古方熾，余玠治蜀，措置有方，猶足以為一木之支，而謝方叔、徐清叟之徒，必為疑間以致之死。嗚呼！玠死之後，不

特蜀非宋有，而國祚亦從可知矣。」[20]

第二節 ▶ 茶商軍與贛南贛東的農民反抗鬥爭

一 茶商軍轉戰贛西

1. 苛重的茶引錢釀成茶商軍

孝宗時期榷茶的茶引錢太重，使茶商無利可圖，而私販的利潤甚厚，導致官府和茶商之間矛盾惡化，終於引發茶商的反抗。李椿上奏指出：「唯有榷茶，止是空引，客人自行買茶，置部搬擔，費用固多，計其每引不下四五千，委是引錢太重，商旅難於圖利，遂致私販日廣。本為商賈，變而為盜，至於民被其害。」[21]一批本錢少的茶商交納不起苛重的茶引錢，必將失去生計。金朝那邊對茶葉的需求量很大，更刺激了江南私茶商販盛行。

江西茶產量大，名品多，行銷地域廣，「在東南草茶內最為上品，歲產一百四十六萬斤，其茶行於東南諸路，士大夫貴之」[22]。故而來江西販茶的商人四方輻輳。於是，江西、湖南、湖北的茶販商人，經常聯合起來，集體行動，每次聚集幾百人，甚至上千人，攜帶武器，強行販運。他們一人挑茶擔，兩個人保

20　薛應旂：《宋史紀事本末》，卷九四，《余玠守蜀》。
21　《歷代名臣奏議》，卷二七一，《李椿奏議》。
22　《建炎以來朝野雜記》，甲集卷十四，《江茶》。

護，「橫刀揭斧，叫呼踴躍，以自震其威，使人有所畏而不敢迫」[23]。這些武裝茶商不時和捕捉他們的官軍對抗，在江州、興國軍（今湖北大冶、通山、陽新）這些盛產茶葉的地區，常有小規模的茶商和官軍打鬥發生，官府將他們稱作「茶寇」。紹興二十九年（1159），中書舍人洪遵上奏：「瑞昌、興國之間茶商失業，聚為盜賊。望揭榜開諭，許其自新，願充軍者填刺，願為農者放還」。[24]高宗允准其奏，卻未看重其事，問題依然存在。所以，由茶商演化而來的茶寇，實在是官府剝削無藝所致。

淳熙二年（1175）四月，賴文政領導的茶販武裝四百餘人起事於湖北荊南地方，數次打敗官軍。周必大當年八月對孝宗說，這批販私茶的商人是為「求生」而起：「以近日茶寇言之，四百輩無紀律之夫，非有堅甲利兵也，又非有奇謀秘晝也，不過陸梁山谷間，轉剽求生耳」[25]。換句話說，他們因販運私茶受到官兵鎮遏之後，被逼鋌而走險，變成了「茶寇」。賴文政，是荊南的茶駔，即說合園戶（茶農）與茶商交易的牙商，老練多智，年已六十，被推為首領，採取群團武裝形式與官府周旋。

2. 茶商軍在贛西的戰事

賴文政茶商軍南下進入湖南，轉向江西的西部地區。江西安撫使汪大猷，命令吉州、贛州駐軍前往抵擋。茶商軍幾次打敗官

23　王質：《雪山集》，卷三，《論鎮盜疏》。
24　《宋史》，卷三七三，《洪皓傳附洪遵》。
25　周必大：《文忠集》，卷一三七，《論任官理財訓兵三事》。

軍之後，轉移至吉州永新縣，以禾山峒為據點，迴旋於附近的永新、安福、萍鄉諸縣，和江西路兵馬副總管賈和仲的官軍交戰。號稱宿將的賈和仲輕敵，在暮夜驅迫兵卒進山，被出沒於樹林狹隘之處的茶商軍打敗。

禾山，在贛湘交界處，南宋人將井岡山全都包括其中，稱其東至永新，西至茶陵，北抵安福、萍鄉之間，南直興國、上猶之界，互數百里。在這片廣袤的大山之中，有不少居民，「豪民壯戶，實繁有徒。爰因盜賊之區，皆為囊橐之所，庶免戕其骨肉，又獲保其屋廬，民賊通情，互相交結」。居住深山的民眾，為求生存，對茶商軍採取了合作態度。而賴文政恰恰是利用禾山的群眾條件，將官軍打敗之後，以偽降麻痺賈和仲，又立旗幟為疑兵，「短兵輕甲，一晝夜馳山谷二百里」，由山間鳥道竄去，向西再入湖南，兩天之後賈和仲才知道實情。這時，茶商軍已擴充到六百餘人，逐步向嶺南轉移。廣東提點刑獄林光朝督帥「摧鋒軍」分控要害，隨處截擊，在湘粵贛邊界上打敗賴文政，殺俘甚眾，茶商軍「止於百輩」，賴文政率餘部敗逃，折回江西境內。

在江西圍剿茶商軍的官軍，有江州都統皇甫倜、鄂州都統李川各自帶領的禁軍，有吉州、贛州的駐兵以及附近的土兵、弓手，總共約萬人，遠遠超過「茶寇」。然而一直是打敗仗，「但聞總管失律，帥臣拱手，提點刑獄連易三人，其他將副巡尉，奔北夷傷之不暇」[26]。可是，這些官軍對地方的騷擾破壞卻很厲

26　周必大：《文忠集》，卷一三七，《論任官理財訓兵三事》。

害，最號精銳有紀律的鄂州禁軍，這次來了三千人，「師行無法，至有十百為群，逃竄而歸者」。官軍中更有一批惡棍，他們所到之處，「誅求芻粟，驅役負載，家至戶到，屠犬割雞」，民眾稍有遲疑，就濫殺無辜以立其威。所以，民眾同情茶商軍，為他們傳遞信息，「賊盜蹤由，詭秘莫測；官軍動息，毫髮必知」。這正是眾多的官軍屢次被小小的茶商軍打敗的原因。

淳熙二年六月，孝宗命倉部郎中辛棄疾為江西提點刑獄，「節制諸軍，討捕茶寇」。辛棄疾趕到贛州上任，聽取贛縣丞孫逢辰的建議：「精擇土軍，參以贛卒，郴桂弓手，別募敢死軍，分委偏將，或扼賊要衝，或馳逐山谷間，而命荊鄂之師，養威持重，躡賊備於後」。孫逢辰被命負責供應軍糧，他攜帶銀絹，到軍隊所在地，「易米於民，省饋運十七八」。

八月底，賴文政等自安福縣良予坑過萍鄉，經大安龍王祠，住進東崗周家。幾天之後，官軍解彥祥部追來，在周家禾田中與茶商軍交戰，殺獲十二人。賴文政趁夜退走，自赤竹凹轉入安福高峰寺，再至永新，奔向興國。到這時，辛棄疾已經大量起用了熟悉地情、習慣山區生活的土軍、弓手，徵調到安福、永新當地的豪強彭道、張忠等人，命他們帶親兵、鄉丁入山搜捕。複雜的大山地形，繁密的森林屏障，本來是茶商軍可資利用的優勢，已經失去。官軍精良的武器、充足的給養優勢發揮了出來，茶商軍日益陷入覆滅的危機之中。閏九月，辛棄疾派遣興國縣尉黃倬，帶文書進入茶商軍進行「招諭」，賴文政已經沒有了其他出路，不得不出降，辛棄疾將他押解至江州殺了。但有記載說：被殺者

是賴文政的替身。[27]其他的茶商軍成員都被「招降」，有一部分被江州都統制皇甫倜編入自己軍中。

賴文政茶商軍人數不多，為時很短，活動地域卻不小，對南宋統治的震動更大。淳熙六年（1179）辛棄疾上奏《論盜賊劄子》，分析為什麼會發生賴文政等民眾武裝反抗，他指出：

> 比年李金、賴文政、陳子明、陳峒相繼竊發，皆能一呼嘯聚千百，殺掠吏民，死且不顧，至煩大兵翦滅。良由州以趣辦財賦為急，吏有殘民害物之政，而州不敢問；縣以並緣科斂為急，吏有殘民害物之狀，而縣不敢問。田野之民，郡以聚斂害之，縣以科率害之，吏以乞取害之，豪民以兼併害之，盜賊以剽奪害之，民不為盜，去將安之？[28]

為此，他建議孝宗對官僚們進行「申飭」，然後「按奏」。孝宗對辛棄疾的見解和建議，寫了一段批語：

> 卿所言在已病之後，而不能防於未然之前，其原蓋有三焉：官吏貪求而帥臣監司不能按察，一也。方盜賊竊發，其初甚微，而帥臣監司漫不知之，坐待猖獗，二也。當無事時，武備不修，

27　羅大經：《鶴林玉露》，卷十二，《盜賊脫身》載：「文政知事必不濟，陰求貌類己者一人，曰劉四……（其徒）乃斬劉四之首，使偽為己首以出，而文政竟遁去。官軍迄不知其首級之偽為也。」

28　《宋史》，卷四〇一，《辛棄疾傳》。

務為因循，將兵不練，例皆占破，才聞嘯聚，而帥臣監司倉皇失措，三也。夫國家張官置吏當如是乎？且官吏貪求，自有常憲，無賢不肖皆共知之，亦豈待喋喋申論之耶？今已除卿帥湖南，宜體此意，行其所知，無憚豪強之吏，當具以聞。朕言不再，第有誅賞而已。

他們君臣這段文字對話，不僅對瞭解南宋的「盜賊」問題有直接的參考價值，而且對認識歷史上其他「盜賊」事件，也有借鑑意義。廣大民眾之所以變成「盜賊」，最根本原因是官府的層層苛酷剝削，皆緣官逼民反。不解決聚斂之害、科率之害、乞取之害、兼併之害，反抗終究難於避免。孝宗所謂「防於未然之前」，實際只是著眼於鎮壓，並非真正要化解「民不為盜」。他根本不說州縣「以趣辦財賦為急」這個根源，出了事只將板子打臣下，與朝廷、皇帝絲毫無關，他說得很乾脆：「第有誅賞而已」。正因為如此，民眾的反抗鬥爭，總是前仆後繼，與反動統治相始終。

二　黑風峒李元礪等人的暴動

寧宗嘉定二年（1209）十一月，黑風峒李元礪聚眾反抗官府。黑風峒在湖南郴州、江西吉州之間，隸屬郴州桂陽縣管轄。開始時，黑風峒首領羅世傳，於嘉定元年（1208）二月率先出山劫掠，「勢張甚」，湖南發兵扼守交通要道，組織民兵鄉丁裡外應援，羅世傳缺少糧食，勢力衰退。江西安撫使卻想招降羅世傳報功，遣人走小道去和他談判，並「饋鹽與糧」。於是，羅世傳

「謀益逞」，在暗中添置器械，對外表示接受招撫，坐在山峒內接受官位，並不進入官署。附近知情的鄉丁們憤慨說：「作賊者得官，我輩捐軀壞產業，何所得！」當地民兵散去，有的傚效羅世傳行劫，所謂「五合六聚，各以峒名其鄉，李元礪、陳廷佐之徒，並起為賊矣」[29]。

關於李元礪成為「峒寇」的起因，另一記載是：李元礪本是郴州舉人，「武斷鄉曲，群盜皆畏之」，曾協助官軍攻打羅世傳。羅世傳接受招撫，得到一個承節郎的官職。李元礪卻沒有，他忿忿不平，「遂去為盜」。當時江西、湖南「方艱食，飢民及汰兵多附之，遂至數萬」。這說明，暴動的基本群眾是饑荒中的農民以及被簡選淘汰出來而生活無著的兵卒，他們為了生存，奮起造反，所以能迅速發展至數萬人的規模，「放兵四劫，掀永新，撤龍泉（今遂川），江西列城皆震」。他們起源於閉塞的山區，所以被官府稱為「峒寇」。消息傳到臨安，寧宗急令調荊、鄂、江、池駐屯的大軍前往攻討，一部分屯衡州（今湖南衡陽）、贛州，一部分駐吉州龍泉。兩邊的官兵與「峒寇」接戰，都打了敗仗。朝廷於是在三年（1210）二月，命工部侍郎王居安知隆興府，督捕「峒寇」。

王居安來到江西，寫信責備池州副都統許俊說：「賊勝則民

---

29 《宋史》，卷四〇五，《王居安傳》。關於這次羅世傳、李元礪的事件記述，《王居安傳》、《曹彥約傳》、《宋史全文》等記載不完全一致，這裡參酌而用。

皆為賊，官軍勝則賊皆為民，勢之翕張，決於此舉。將軍素以勇名，挫於山賊，可乎？」吉州守臣出戰失利，改用招降策略，在文書上給「峒寇」寫「江湖兩路大都統」官銜，王居安覺得好笑，奏罷其官。寧宗命王居安節制江、池大軍，進駐盧陵。他召來土豪，詢問實情，都說李元礪部下善於憑藉險隘進退，爬山如猿猴，若官軍糧道被抄襲，事情就危險。王居安遂採取「以賊擊賊」的策略，對羅世傳、李元礪都表示優待，挑起二人彼此猜疑交惡，讓「兩虎鬥於穴」。

三月，再以湖南轉運判官曹彥約知潭州，從湖南督捕，形成了對「峒寇」四面大包圍的軍事部署。

曹彥約，字簡甫，南康軍都昌縣人，有領兵打仗的經驗，對湖南民情比較瞭解。他認為：今「峒寇」以山險為家，而官軍尤所不習，「望敵而走，則奸民得以趁之，持梃大呼，便可以入縣鎮，執官吏」[30]。因此，他督諸將逼近「峒寇」所在地駐紮，發動了數以萬計的鄉兵義丁，很快擊滅峒寇李新，收復了桂陽縣。羅世傳感到恐慌，請求幫助官軍擊滅李元礪以自效，曹彥約於是「錄賞格報之，且告於朝，又予萬緡錢犒其師」。

四月，李元礪再次南下，打到廣東南雄州，遊騎進入韶州，但仍然未能深入廣東，復返回江西地面。他們深據險要，「外為招安之說以款大軍，內為固守之計以伺間隙。甚至文移之間儼若敵國，邀求官爵，張大聲勢，致使官軍淹延歲月，未能撤

30　曹彥約：《昌谷集》，卷十一，《湖南答廟堂問討利害札子》。

成」[31]。夏天，李元礪接連打敗池州副都統許俊、江州都統劉元鼎、潭州知州曹彥約的軍隊，聲威愈熾。十一月，李元礪南迫贛州、南安軍，兵鋒再次指向廣東。這時，寧宗朝廷頒下「以重賞募人擒捕」李元礪的詔令。

最後，李元礪敗在羅世傳手上。李元礪本欲圖羅世傳，卻先遭羅世傳唆使的練木橋峒寇偷襲，被擒縛，同時被俘的共二十八人。「峒寇」內鬥的悲劇，在官府傳聞中各自編制著消息，《宋史全文》寫道：「江西、湖南安撫司皆言大戰於秋平野，生擒元礪，而湖南又言本司不敢爭奪，已解赴江西矣。」《宋史・曹彥約傳》則說：羅世傳捉到李元礪，沒有及時交出，「遲留以邀重賂，彥約諭以不宜格外邀求」。而駐兵吉州龍泉縣的池州副都統許俊，卻答應給羅世傳厚賞，「超格許轉官資，世傳遂以元礪解江西」。

嘉定四年（1211）正月，朝廷命王居安同許俊招募士人，識認李元礪正身，照條盡速處決。二月乙卯，王居安將囚籠中的李元礪殺於吉州城南門。八天之後，許俊的奏報送達臨安，說羅世傳生擒李元礪，已給了賞錢兩萬緡，乞授給官職。朝廷於是授羅世傳武翼郎、閣門祗侯。他表面上效順，實際上閉壘自保，不久，與其兄世祿俱叛。王居安命許俊帶池州兵和鄉兵合力，圍困羅世傳山寨。九月乙亥，羅世傳被其同夥胡有功所殺。[32]

31　《昌谷集》，卷十六，《湖南軍前曉諭峒賊榜》。
32　此據《宋史全文》，《曹彥約傳》記載為：「胡矩為右司，欲以世傳盡

李元礪為首的黑風峒山區民眾暴動，來回轉戰於贛湘地區，歷時三年，聲搖江西、湖南，以及廣東，最後以內訌告終。

三 贛州陳三槍等人的反抗活動

贛南與閩粵接壤，大山連綿，素來是官府認定的「盜藪」，所謂「嶺表郡縣北接贛境，溪谷篁竹之間，群盜蓋走集焉」。不論是從廣東朝北看還是由江西往南看，交接地區總是社會矛盾尖銳。武夷山區東西兩邊的贛閩州縣，同樣是人際交往密切，「盜寇」來回穿插活動。理宗初年，贛州、吉州、建昌軍以及福建汀州一帶的人民再次掀起反抗鬥爭，被稱作「蠻獠竊發」，有不少山區的少數民族群眾參加。

紹定年間（1228-1233），贛閩邊境的民眾暴動連續爆發。二年（1229）九月石城張遇龍、文勝反於平固，連破石城、寧都、瑞金、興國、雩都五縣。後被江西安撫使李壽朋、通判趙彥覃督兵剿滅。[33]十二月，汀州寧化縣「汀寇」爆發，為首者廖十六，

統諸峒而為之帥，悉撤江西、湖南戍兵，彥約固爭之，矩不悅，然世傳終桀驁不肯出峒。彥約密遣羅九遷為間，誘胡友睦，許以重賞，友睦遂殺世傳。」

33 同治《贛州府志》，卷三二，《經政志·武事》轉錄康熙五十年張尚瑗纂《贛州府志》記事。另，贛州通天巖的刻石中，有陳世雄題記一方，內稱「紹定戊子（1228）孟夏，江司都統陳世雄，奉王命提兵收剿峒寇。初，軍次贛城，或言距城二十里有巖石……時以國事未暇一觀。明年，寇平，候旨班師，遂以正月二十有三日往焉。」這個陳世雄所說之事，有可能即是《贛州府志》所記張遇龍、文勝之事，但尚缺更直接的史料印證。現備註在此，以便進一步考證。

攻入江西南豐縣，進逼建昌軍南城縣，失利，再西進入宜黃，焚崇仁，攻金溪，使撫州震驚。後受到官軍打擊，轉向贛南，遁入松梓山。松梓山，在龍南縣南八十里，滿山古松瘦梓，森然蒼翠，險峻深邃。紹定六年（1233）十一月，理宗命隆興府知府陳韡「節制江西、廣東、福建三路捕寇軍馬」，統一指揮對松梓山寨圍剿。陳韡派兵扼守廣東梅州、循州，自己率領由淮西調來的邊防軍向贛州進逼，招降了廖十六。松梓山中的農民軍推陳三槍為首，繼續反抗。

陳三槍在紹定二年（1229）就已率領一支隊伍，從贛南東向攻掠泉州永春縣、德化縣，再南下漳州，進攻長泰縣，震動福建南部。現在他統率松梓山的大隊武裝，又一次轉戰於贛、閩、粵之間，「跨三路數州六十寨」，聲勢十分浩大。

如此浩大規模的民眾暴動，據陳韡掌握的情況，是「起於貪吏」。因此，他奏劾了其中最惡劣的兩人，消解民眾的怨憤情緒。他還認為，陳三槍等的反抗持續多時，則是「臣下欺誕，事權渙散所致」。

陳韡先是派官吏對陳三槍進行招降，陳三槍不服，「輒殺之」。招降無效，「乃決計蕩除」。此時，他兼贛州知州，升任江西安撫使，集軍政大權於一身。陳韡整肅軍紀，「斬將士張皇賊勢及掠子女貨財者」，提高官軍戰鬥力。端平元年（1234）三月，官軍先截斷了松梓山的糧道，又縱火焚山，陳三槍被迫「悉精銳下山迎敵，旗幟服色甚盛」，但是失去了山險之利，戰鬥失敗，被官軍「斬千五百級」，首領張魔王被焚死，其他十二名將領也被俘。陳三槍中箭敗退，「餘眾尚千餘，剃獮略盡」，被官

軍割草一樣殺戮掉。陳三槍帶領數十人退往廣東興寧（梅縣西南），最後被俘。官軍用檻車載陳三槍等六人，至隆興（南昌），斬於市。

　　規模大的民眾武裝反抗被鎮壓下去了，小規模的造反行動仍不時出現。贛州有號稱崔太尉者，據石壁；劉老龍等聚眾，「焚掠」地方。南安軍的林峒有傅元一、許應二等，聚集三四千人「通同劫掠」。寧都縣有陳淮四、羅洞天等聚眾造反，「散則一夫可擒，聚則大兵難勝」[34]。整個贛南地區已經是社會矛盾集中之地，統治十分不穩，南宋朝廷深以為憂。

四　建昌軍佃農的武裝起義

1. 徵取太苛與佃農結為「關社」

　　建昌軍的南城、南豐、廣昌、新城（今黎川）四縣，是武夷山西麓的山區縣，東與福建邵武軍為鄰，素來社會矛盾相互影響。這裡的豪富大戶廣占田產，把持地方，賦稅負擔極不合理，階級矛盾尖銳，常有農民的反抗暴動。咸淳四年（1268），建昌軍知軍王夢得上奏說：州縣的賦稅徵收操在豪霸之手，官府「胥徒皆少年無賴之輩，豪家大姓先生慢心，鰲改在其手，少（抄？）算在其手，造籍在其手，雖親戚故舊之產，猶不容不隱，況糾正其自產哉。懷私得便，平日併吞之心，反因是以售其奸，況守令更易靡常，識見不同，規模屢易，貧弱長受困苦，而

34　劉克莊：《後村先生大全集》，卷一六〇，《英德趙使君墓誌銘》。

賦稅卒不得其實」，因而建昌軍轄下諸縣農民「挾干戈嗜劫掠，亦時有之，必一大治而後定，不過一二十年又起，多由富家徵取太苛，而民不能堪」[35]。

官府與豪強聯合盤剝百姓，致使民不聊生。這種官逼民反的社會症狀，由來已久，故而「一二十年又起」，反覆地搏鬥。

在理宗時期的佃農暴動，以南豐縣最為突出，延續時間長，鬥爭很激烈。南豐「東莊八耆，首結關社」。耆，是當地的村莊區劃；關社，如保甲，為民間自發組織的團體。[36]通過「關社」把分散的佃戶小農團聚起來，合力對抗豪富的太苛剝削，將單個的佃戶與地主之間的糾紛，集中提高為佃農階層對官紳階層的武裝鬥爭，顯然是政治領域很別緻的創新，是階級鬥爭經驗豐富、鬥爭水平更高的結果。

2.「一二十年又起」的佃農起義

南豐佃農的造反行動，與福建汀州等地的暴動武裝相互呼應。紹定二年（1229），建昌軍廣昌縣爆發廖十六、廖云、廖雷等為首的暴動，福建的「寇盜」劉四官，又活動在汀、劍、邵武諸郡，「久而益熾」，轉入江西地面，毀雩都，蹂宜黃，乘間搗虛，焚爇樂安縣城。在這同時，廖十六等由廣昌進攻南豐縣西門，進入城關，至三聖堂前，一跛腳僧猶問：賊在何處？突然被

35　王柏：《魯齋集》，卷二十，《宋故太府寺丞知建昌軍王公墓誌銘》。
36　雍正《江西通志》卷六二載，黃震在咸淳間知撫州，處理「舊有結關拒逮捕事，系郡獄二十有八年，存者十無三四。以結關為作亂，無敢決其獄。震謂結關猶結甲，非作亂比，況已經數赦，皆釋之」。

一刀砍死，人們這才知道賊至。「居民奔潰，幸其僅留一夕即去，且不縱火」。十二月十三日，廖十六等再次攻至石背，他們手「持木扉以蔽矢石」，對抗官軍。剛調來的官兵遠道而來，都很疲乏，不熟地形，又寡不敵眾，將領馮某被殺，所部潰奔多死，廖十六率眾長驅進入城內。居民以為官軍來了，沒有危險，逃出去的多半返回，沒有防備寇再來，「由是死者無數。火官府民廬幾盡，數日乃去，攻建昌」[37]。紹定三年（1230），調來荆湖、池州步騎以及江西步兵三支隊伍，進屯廣昌，廖十六等逃遁至松梓山，後被池州兵攻滅。

十年後又有暴動爆發：嘉熙四年（1240），南豐有上石謝八屠之亂；淳祐五年（1245），廣昌有符五十之亂；淳祐十一年（1251），新城有關社之亂……雖然這些暴亂規模均小，為時不長，但卻在醞釀著大暴亂。

寶祐六年（1258），官府與豪強同時進行的掠奪再次引爆了佃農的反抗。建昌軍官吏賴青去南豐「督月解錢帛峻甚，青紅由帖，征催束濕。加以大家三譚、二趙苛虐，諸佃咸不堪命。攀龍者有張天半、何白眉者嘯聚，起木瓜山石牛峒」。官府嚴急的錢帛征催，至於濕谷也被拿走；加上譚、趙二姓五家豪強的虐待，致使佃戶難於活命，再次奮起反抗。一百多暴動者焚譚氏房屋，延燒到城隍廟一帶民居，第二天回歸石牛峒。江西路諸司調撫州、贛州駐軍，聯合鄉寨兵卒向石牛峒進討，擒張天半等人，押

---

37 劉壎：《水雲村稿》，卷十三，《汀寇鐘明亮事略》。

赴建昌凌遲梟首。官府對「激變」官吏豪霸也予治罪,代理知縣李復被劾罷,二趙徙潮、惠州,家屬分徙南劍、邵武,沒收其家產以贍軍;三譚罰米贖罪;賴青杖脊黥配,死在牢獄,妻子徙外邑,抄沒其家財。

再過十年,遇到大水災,又引起一場大搏鬥。咸淳四年(1268)春夏以來,積雨霖淫,溪澗漲溢,四五月間,連續兩場大水,建昌軍四縣都出現「拔屋宇,沖田疇」災情,民眾乏食,饑荒嚴重,而南豐縣災情尤為慘重,「平原出水,災變尤甚。東西彌望,莽為沙丘。牛畜種植,多沒巨浸,廩儲濕腐,告糴孔艱」[38]。豪富們在天災降臨之時,製造人禍,他們閉倉不賣糧,困餓饑民。饑民中有人結聚起來,「始則發廩劫禾,終則嘯聚弄兵」。八月初,南豐永福作善耆有羅動天、詹花五者,率群眾在峽村起兵,於初八清晨,以百餘眾掩襲不備,「怨其主譁氏,相挺劫其家」,趁勢長驅破縣,「如入無人之境」,焚縣衙、寺觀、民居、市肆,殺死宗室,略財貨而去。南城、寧都、宜黃等附近諸縣「無不震動,弱者徙家遠遁,強者團結自防」。官府緊急調集禁兵、鄉兵、寨兵,以絕對的優勢兵力,將暴動的佃戶鎮壓了下去。

暴動烈火雖然又被撲滅,但「徵取太苛」的現狀並未改變。就在咸淳四年(1268)八月,大水剛退之後,朝廷下令江西轉運司和糴米數十萬石,其中分攤建昌軍和糴三萬石。對這種災後打

38　劉壎:《水雲村稿》,卷十四,《代申省乞蠲租免糴狀》。

劫的「和糴」，住在家鄉的包恢等四位官員聯名上奏訴說：「四十餘年三經殘破，寒厓赤子斬然無一縷生意，秋成納稼，民食所關，而始以洪水之漂流，繼以凶焰之焚略，又繼以軍馬之蹂踐，田疇刈獲能有幾何？況邑之宿儲空於水，鄉之積貯空於劫，市井之生聚空於火」，哪裡還會有糧食供「和糴」。這次的「和糴」終於蠲免了，可是官府與豪霸的榨取依舊，民眾生活仍然是苦不堪命，暴動必將「過一二十年又起」。這時的南宋王朝已經面臨元軍致命的打擊之中，江西各地人民不得不轉入一場艱苦的抗元鬥爭。

第三章 ——

南宋統治的崩潰與文天祥
等人的抗元鬥爭

第一節 ▶ 江西地方官的堅守與潰逃

一 元軍南侵與南宋的危亡

蒙古得到南宋配合，順利滅金之後不久，攻掠的矛頭就指向了南宋。其進攻的大勢是由西北向東南推進。成都先被攻陷，宋守將劉整投降，並獻計滅宋：首先攻取全蜀，蜀平則江南可定；然後在黃河、淮河的兩個要沖地點清口、桃源兩地築城，屯駐山東軍以圖進取。圍困襄樊，是十分關鍵的戰役。咸淳四年（1268）九月，蒙古軍再次發重兵圍攻襄樊，雙方爭奪延續五六年，至九年（1273）正月樊城失陷。二月，宋軍統帥呂文煥以襄陽府降元。襄樊的丟失，南宋不僅少了一個戰略要地，更使軍民離散，削弱了抗擊元軍的意志和信心。而元軍得到的除土地、財富之外，還有一批軍事人才，從而增強了攻滅南宋的實力。從襄陽、樊城逃出來的人都說，呂文煥父子投降時「先納笻鑰，旋獻襄城，且陳策攻郢州，請自為先鋒」。元軍順勢而下，進圍鄂州，長江防線頓時危急。

南宋王朝的敗亡，不僅是受了元軍打擊，其統治極端腐敗也已無可救藥。財賦方面的弊端，僅是冗官一項就非常嚴重，寶祐四年（1256），監察御史朱熠言：「境土蹙而賦斂日繁，官吏增而調度日廣」。北宋景德、慶歷時以三二〇餘郡之財賦，供一萬餘員之俸祿，而今只有一百餘郡，卻要供養二四〇〇〇餘員之冗官。

尤為嚴重的是皇帝昏庸，權臣專政。理宗是「嗜欲既多，怠於政事，權移奸臣」，度宗則是「拱手權奸，衰敝寢甚」。度宗

當皇帝僅十年即病卒，繼位的是年僅四歲的幼兒趙㬎，由謝太后臨朝稱詔，整個統治極不正常。幾十年間，史彌遠、丁大全、賈似道先後竊弄威福，謀私誤國。賈似道在朝廷內控制著台諫，他們承順風指，凡為賈似道所惡者，無賢否皆彈劾排除；在外他以樞密使為京西、湖南北、四川宣撫大使、都大提舉兩淮兵甲，獨攬前線軍事指揮大權，卻假傳軍事情報，在鄂州（治今湖北武漢市）戰事吃緊之際，瞞著朝廷私下與元軍講和、貢納歲幣。到了景定元年（1260）忽必烈要回去爭奪皇位而主動撤兵，賈似道竟然謊報交戰勝利，擊退敵人，「自詭有再造之功」。由於賈似道一手遮天，矇蔽抑塞戰況，南宋朝廷措置乖方，加速滅亡。

　　咸淳七年（1271），忽必烈改蒙古國號為「元朝」，全力籌劃吞併南宋。咸淳十年（1274）九月，元兵大會於襄陽，決定分三路對南宋發動總攻擊：丞相伯顏將一軍趣鄂州，元帥唆都將一軍入淮，翟招討將一軍攻荊南。降將呂文煥指揮元兵攻鄂州，南宋守將程鵬飛及權鄂州知州張晏然以城降。程鵬飛隨即調轉矛頭，帶領元兵攻打黃州，知州陳奕遣人請降，元軍很快進入江西境內。

　　德祐元年（1275）三月，駐守建康府的都統徐旺榮出降，迎接元兵入城，鎮江的統制石祖忠跑來建康請降。南宋邊防線至此完全喪失，小朝廷的命運危在旦夕。賈似道竊權誤國的惡果徹底顯露，謝太后主持將他一貶再貶。九月，會稽縣尉鄭虎臣，押送賈似道去貶所（廣東循州），走至漳州將他殺了，以解心頭之恨。

　　二年（1276）正月甲申，元兵至臨安城外皋亭山，南宋朝中大臣已經逃跑了一大半，謝太后遣監察御史楊應奎向伯顏送交傳

國璽、投降表，其中寫道：「宋國主臣㬎，謹百拜奉表言：臣眇然幼沖，遭家多難，權奸似道背盟誤國，至勤興師問罪……謹奉太皇太后命，削去帝號，以兩浙、福建、江東西、湖南、二廣、兩淮、四川見存州郡，悉上聖朝……」[1]

趙匡胤通過「黃袍加身」登基，開創了宋朝，而其後裔在約三百年間，竟然兩次被人攻滅，成了階下囚。

二　南宋在江西統治的終結

開慶元年（1259）十一月，宋元雙方水軍在蘄、黃之間江面交鋒。為了應付前線需要，南宋命趙葵為觀文殿大學士、江東西宣撫使，令饒州、信州、袁州、臨江軍、撫州、吉州、隆興府官軍、民兵並聽節制。但是未見實際效果，沒有抵擋住元軍南下。當年元軍一支自黃州沙武口渡江，分別攻入江西、湖南。景定元年（1260）二月，江西、湖南帥司報告：元兵破江西瑞州、臨江軍城，洪州、撫州、湖南全州、永州、衡州民眾皆被兵災，「存者奔竄它所」。這是江西境內首次遭受到的元兵騷擾與殺掠。

此後的十年間，元軍全力攻取四川，圍攻襄樊，江西地區基本維持往日局面。江州知州袁玠是「貪贓不悛，殘賊州邑」之徒，於開慶元年（1259）十月被御史彈劾，罷官。咸淳六年（1270）三月，因為贛州、吉州、南安軍地區屢次爆發盜寇，「雖有砦卒，寇出沒無時，莫能相救」，朝廷下令在交通要害地段新

1　《宋史》，卷四七，《瀛國公》。

建四所營砦，每砦屯兵一百人，從這三州選擇一個將官統領，務必使地勢聯絡，禦寇為便。

咸淳七年（1271）三月，臨江軍孔延之，是孔子第四十七代裔孫，因此他的子孫獲得「與放國子監試」[2]的優待。六月，有三項關於江西的政令，一是因「瑞州民及流徙者飢乏食」，發義倉米一八〇〇〇石，減值振糶。二是給陸九淵之孫陸溥補「上州文學」。三是撫州知州黃震奏報本州賑災之中，勸諭富裕戶開倉救濟飢民，遇到豪強的阻撓，「前谷城縣尉饒立積米二百萬，靳不發糶」[3]。八年（1272）六月，御史台官員說，「江西推排結局已久，舊設都官、團長等虛名尚在，占吝常役，為害無窮」。這些零星的記錄，顯示平靜的跡象，卻是旋即消失。

咸淳十年（1274）元軍大軍壓境，降將呂文煥已到眼前。他的侄兒呂師夔建議在江州募兵，謝太后以皇帝名義詔令江州知州錢真孫協同招募，由尚書省撥給錢米。約一個月後，即德祐元年（1275）正月，元兵已經進入蘄州、黃州。賈似道以呂師夔為權刑部尚書、都督府參贊軍事，任中流調遣，做出仍在部署抵抗的

2　《宋史》，卷四六，《度宗紀》。按，臨江軍新喻縣北宋中期有孔文仲及其弟武仲、平仲，號稱「清江三孔」，四庫全書中有《清江三孔集》三十捲。此處孔延之是否這三兄弟的親屬，未見記錄。四庫全書中有孔延之撰《會稽掇英總集》二十捲，書前有孔延之熙寧四年寫的序，但是沒有標明鄉貫。據新編《峽江縣誌》載，「清江三孔」故居在該縣，今屬新餘市轄區。

3　黃震《黃氏日抄》卷七五《乞照應本州島已監勒饒縣尉貸社倉申省狀》中作「前谷城縣尉饒立積米累巨萬而性吝嗇」，後來黃震採取措施，迫使饒立不得不拿出倉米，救濟飢民。

樣子，實際是呂師夔因此有了更多的投降資本，他隨即和江州知州錢真孫一道派人去蘄州請降，將元軍請進了江州城，這個南宋江防重鎮即刻變成元朝的軍事據點。南康軍知軍葉閭遣人請降於江州，池州都統張林跟著來江州投降。

二月，南宋朝廷命黃萬石為江南西路制置使，希圖他能在江西統領軍民守土抗元。這時元兵打進饒州鄱陽，知州唐震被殺，故相江萬里赴水死，饒州通判萬道同獻城投降。周邊的隆興知府吳益、鎮江知府洪起畏、寧國知府趙與可，以及沿江制置大使趙溍，雖然尚未看見元兵，卻聞風喪膽，「皆棄城遁」。元兵至臨江軍，知軍鮑廉死，民眾盡逃。

七月，黃萬石從南昌退往撫州，朝廷命他返回，他不聽命。

九月，信州張彥與元兵對抗，戰敗被執，以城降。

十一月，元兵至隆興府，江西轉運判官劉盤以城降。在臨川的黃萬石「棄撫州遁」。元兵追趕至撫州，江西都統密祐迎戰於璧畲，兵敗，戰死。撫州通判施至道以城降，黃萬石「提兵走建昌軍」，接著逃入福建境內。

德祐二年（1276）正月，瑞州知州姚岩棄城而去，臨江軍知軍滕岩瞻遁逃。臨安的朝廷這時也已向元朝稱臣，江西迅即成了元朝統治區。

三　守土抗元的地方官僚

度宗咸淳二年（1266），史館檢閱黃震尖銳地指出，當今之

大弊是民窮、兵弱、財匱、士大夫無恥。[4]正像北宋滅亡前夕，游酢對徽宗論士風之壞，說天下之患莫大於士大夫無恥，「士大夫至於無恥，則見利而已，不復知有義」。可見，士大夫無恥成風，吏治腐敗難改，統治必然垮台。政權本身已經朽爛，故而外力打擊得以奏效。這是就主流而言，並非說人皆如此。在南宋敗亡之際，江西仍有一批忠義志士，率領軍民守土抗戰，他們明知無濟於事，但認為理當如此，故視死如歸。例如：

陳元桂帶病守臨江：開慶元年（1259），元軍日益逼近，臨江軍知軍陳元桂加緊築城備禦，焦心勞思，以致病倒。這時元兵已至臨江，江西制置使徐敏子駐在附近的金鳳洲，整日擁妓酣飲，以兵少為辭，不去迎擊元兵。陳元桂力疾登城，坐在北門督戰。矢石如雨，力不能敵。吏卒勸他逃避，不從。有人欲抱他走，他說：寧死，不可去此。護衛兵卒潰散，元桂被俘，叱罵元兵而死，被懸首四日方斂。臨江城中士民奔逃，欲過浮橋到金鳳洲，依賴制置使帶領的官軍保護，哪知「敏子已斷橋自保，擠擁入水死者十數萬人」[5]。

剛開始時，陳元桂的親戚勸他換個地方，躲避一下，他拒絕說：時事如此，與其死於饑饉、疾病、盜賊，「孰若死於守土之為光明俊偉哉」！危急時，家人要求坐船走，他警告說：「守臣

4　《宋史》，卷四三八，《黃震傳》。
5　佚名《昭忠錄・陳元桂》，四庫全書本。「十數萬人」，太多，不可信。《宋史・陳元桂傳》作「制置使徐敏子在隆興（今南昌），屯兵不進」。

家屬，豈可先動以搖民心」。[6]陳元桂，撫州人，淳祐四年
（1244）進士，不愧為讀了聖賢書的人。

　　饒州唐震誓不屈降：唐震，會稽人。咸淳六年（1270）江東
大旱，他任信州知州，奏減上供綱米賑災，救活飢民無算。十年
（1274）知饒州。這時的興國軍（治永興，今屬湖北）、江州、
南康軍皆已入元軍之手，饒州正遭進攻，當地守兵只一八○○
人，唐震徵集州民參加守城。元軍遣人索款，通判萬道同私下
「斂白金、牛酒備降禮」，諷煽唐震出降，震怒斥之：「我忍偷生
負國邪」？元兵入城，州兵潰散，唐震的隨從急請從鄱江門出
走，他拒絕說：「城中民命皆繫於我，我若從爾言，得不死，城
中民死，我何面目生邪」？德祐元年（1275）二月，元兵至饒
州，知州唐震謀劃進擊，而通判萬道同卻縱妓女去迎接。宋兵出
城，元兵入城，城內頓時大亂。元兵衝入官署，命唐震寫投降文
告，「震擲筆於地，不屈，遂死之」。同時遇難的還有唐震的家
人及其兄。在裝殮唐震時，於其手肘得饒州印。

　　密祐血戰進賢：密祐，原籍山東，後居合肥，為人剛毅質
直，咸淳十年（1274）以閣門宣贊舍人為江西都統。德祐元年
（1275），元軍長驅進入江西，十一月，隆興府遭元兵進攻，江
西轉運判官劉盤兵敗，退入城中，請求在撫州的江西制置使黃萬

6　《宋史》，卷四五○，《陳元桂傳》。《昭忠錄》所記有些差異，如說
　　臨江「郡無城，列木為柵」，若是如此，則陳元桂「築城備御」，可能
　　即是築木柵。又記陳元桂是在城上「中飛矢而死」。

石派兵支援，萬石命密祐領兵二千以往，卻「戒勿戰」。密祐尚未到南昌，劉盤已降，密祐在進賢縣之壁舍，猝遇元兵，他揮兵突戰。元兵將其圍困，矢如雨下。密祐鼓勵戰士曰：「今日，死日也！若力戰，或有生理」，眾人皆拚死力戰。自上午戰到日落，矢中密祐面，他拔出箭矢復戰，又身上中四矢三槍，仍揮雙刀斫圍南走，渡橋時馬踏板斷，遂被執。元軍統帥遜都岱欣賞密祐勇敢，戒勿殺，押至隆興，命他歸順，並授以千戶金牌。密祐不屈，叱罵黃萬石為賣國小人，使我志不得伸；罵劉盤、呂師夔，話更難聽。元軍將他囚禁月餘，終無降意，遂將他斬首西華門外。密祐自己解衣受刑，觀者無不淚下[7]。

撫州趙戊旹輾轉抗戰：江西制置使黃萬石從隆興逃出，退駐撫州、建昌軍，嫉惡撫州知州趙戊旹修城備戰，多次找岔子對朝廷說戊旹的壞話，使他不自安，累次丐罷。於是改為大理寺主簿，去了知州實權，回歸南城故里。德祐元年（1275）十二月，元兵至建昌，通判程飛卿以城降，趙戊旹遂奔贛州。景炎元年（1276）二月，江西提刑楊孜以贛州降元軍，趙戊旹避入寧都縣。五月初一，益王趙　即位福州，是為端宗，密詔吳浚為江西制置招討使，趙戊旹為參議官兼江西運判，協謀興復。六月吳浚聚兵於廣昌，趙戊旹在寧都，各建官署，糾合撫州、贛州諸邑義勇，抗元，吳浚攻取南豐、宜黃、寧都三縣。八月，吳浚的制置

7　《宋史》，卷四五一，《密祐傳》。《昭忠錄》所記略有差異，如說「矢貫其腦」等。

司兵在南豐與元軍遭遇，潰散。趙戌昌派遣所屬將兵攻贛州，在距贛州城六十里處與元兵戰，俘其千戶，趁勝逐北至城下。城中元兵大出，宋兵大敗，引退。十月，趙戌昌出重賞招募峒丁廖陳六等，籌劃反攻，而元兵來益眾，趙戌昌遂退入汀州。景炎二年（1277）春，知汀州黃去疾以城降，趙戌昌兵潰，隱跡於畬族中，後發病卒[8]。

　　吳楚材起兵建昌：吳楚材，名炎，以字行，南城縣儒生。德祐元年（1275）元軍攻占建昌，明年春，吳楚材在家鄉南城嶺村組織鄉鄰丁壯，號稱「義兵」，張榜聲討元軍。這時黃萬石猶以江西制置使名義逃亡在邵武，楚材遂轉請邵武太守黎靖德向萬石求援，萬石不許，只是授楚材迪功郎、權制置司計議官，以虛名安撫，而「戒勿興兵」。楚材不聽黃萬石的禁令，從嶺村率眾攻城，剛至近郊龜湖，元軍步騎兵分三路逼來，「義兵」全都是鄉村農夫，鎧仗不備，又倉促起義，未經練習，一見元兵，輒噪呼詈罵，卻擋不住騎兵左右馳突砍殺，準備攻城的長梯鐵鉤被奪，眾人奔潰，退守嶺村。嶺村周圍構築有木柵，元軍一時無法攻入。福州的益王（後來的端宗）元帥府知道了吳楚材起兵消息，命他知建昌軍，以便聚兵再舉。但是，吳楚材「義兵」已受重創，且缺乏支持。元軍加緊誘降，其眾多散去。楚材攜兒子應登潛往光澤縣，被人擒獻元軍，囚至建昌獄。建昌錄事婁南良審問曰：「汝何為錯作此事？」吳楚材抗議，曰：不錯！不錯！你才

8　劉壎：《水雲村稿》，卷四：《趙撫州傳》。

是大錯，你「受宋朝官爵，今乃為敵用事，還思身上綠袍於何處得來。我不過鄉村一秀才，特為忠義所激，欲為國出力，事雖不成，正不錯也」。婁南良羞愧而語塞。六月，江西制置招討使吳浚在廣昌起兵，元軍得悉吳楚材和吳浚同宗，怕他們聯合反抗，遂將吳楚材父子殺於建昌，並傳首諸邑，警戒其他反抗者。

第二節 ▶ 文天祥的抗元鬥爭

一 文天祥勤王起兵抗元

1. 艱難的三年抗元經歷

恭帝德祐元年（1275），元軍統帥伯顏率二十萬大軍順長江而下，直逼臨安。南宋朝廷詔令各地勤王，發兵救援京師。正在贛州知州任上的文天祥立即響應，向寧都人陳繼周問計，繼周詳細告訴「閭里豪傑子弟與凡起兵之處」，陳述具體方略。天祥於是「使陳繼周發郡中豪傑，並結溪峒蠻；使方興召吉州兵。諸豪傑皆應，有眾萬人」[9]。陳繼周所發動的贛州豪傑，有歐陽冠侯等二十三家，其中寧都縣有陳蒲塘父子的隊伍以及連、謝、吳、唐、明、戴六姓的群眾。方興召集的吉州豪傑，主要是永新縣彭震龍、蕭敬夫、蕭燾夫、張履翁，泰和縣袁德亨、胡文可、胡文

9　《宋史》，卷四一八，《文天祥傳》。以下凡引用此傳文字，不再出注。

靜、黃士敏、蕭明哲、彭呂等人組織的隊伍。

文天祥率領贛、吉兩地的起義軍，於八月到達臨安。十月，奉命救援常州，戰敗，退還臨安。德祐二年（1276）正月，文天祥為臨安府尹，建議讓吉王趙昰、信王趙昺出鎮閩廣，實即避敵，沒有同意。幾天後，元軍進到臨安城外三十里的皋亭山，南宋宰相陳宜中、主將張世傑等都出逃而去。這時，始命二王出走，吉王改為益王，判福州、福建安撫大使；信王改為廣王，判泉州、兼判南外宗正。文天祥被派往元軍營中談判請和。在元軍營中，文天祥「抗詞慷慨」，毫不畏怯。伯顏將他扣留軍中。

南宋小朝廷送出傳國璽和降表，將現管的州縣一併送給元朝。二月，元軍進入臨安城，封府庫，收史館、禮寺圖書及百司符印、告，罷官府及侍衛軍。勤王義軍散去。

江西的抗元義軍撤回家鄉，彭震龍等人回到永新，重新招募本族子弟和家鄉群眾，結寨於大山之中，並聯絡比鄰的湖南山區豪傑，相互支持，多次打敗前來進攻的元兵。他們的山寨，後人稱為「義同嶺」，又稱「義同營」，地址在今蓮花縣良坊鄉。

被囚元軍營中的文天祥不甘心當俘虜，押解到鎮江時，機智地逃出，經海道回到溫州，轉至福州，進入益王小朝廷。

先是，五月初一，陳宜中等在福州擁立益王趙昰，史稱「端宗」。改廣王為衛王，改德祐二年為景炎元年，陳宜中為左丞相兼都督，李庭芝為右丞相。張世傑為樞密副使，陸秀夫為簽書樞密院事。文天祥趕來，被命為右丞相、同都督。文天祥於是豎起帥旗，再次組織軍隊，與元軍對抗。他進入閩西汀州，「遣參謀趙時賞、諮議趙孟濚將一軍取寧都，參贊吳浚將一軍取雩都」。

另有武岡教授羅開禮，起兵收復吉州永豐縣。不久，寧都、雩都、永豐三縣又被元兵奪去，但是這裡人民的抗元意志並沒有衰退。

　　景炎二年（1277），元軍攻入汀州，文天祥移師東南，至漳州。隨後，折回西北。三月，攻取梅州。四月，再至贛州會昌、興國，掀起新的抗元高潮。六七月間，他派張汴、趙時賞、趙孟等率兵攻打贛州，取雩都，入興國縣。命鄒㵯出兵克服永豐，黎貴達攻克泰和。吉州八縣，恢復了一半。樂安人何時，在撫州起兵響應，收復了崇仁縣。吳希奭、陳子全、王孟應等在今天蓮花縣境內招募數千勇士，以堡子圍（今蓮花、攸縣交界處）為基地，建「勤王台」，誓師抗元，攻克萍鄉、醴陵等縣。贛州陳子敬等募集民兵，屯駐皂口，扼守贛江航道，防禦南下的元軍。已被元軍占領的隆興府、臨江軍等處，也有人響應抗元，與文天祥軍隊建立聯繫，分寧、武寧、建昌（今永修）的抗元志士，皆派人赴文天祥軍中接受號令，配合行動。

　　元朝的江西宣慰李恆遣兵支援贛州，他自己將兵入興國。八月，文天祥至空坑，兵盡潰，乃引兵即鄒㵯於永豐，㵯兵亦潰，文天祥由贛南退往廣東循州。由於力量對比懸殊，各地抗元武裝都相繼失敗，形勢日益惡化。端宗由海路南下泉州，再至潮州。年底至井澳，遇大風壞舟，端宗驚嚇成疾，隨從死者十四五。景炎三年（1278）三月，文天祥取惠州。

　　四月，端宗病死，陸秀夫等又立衛王昺。五月，改元祥興。六月衛王昺移居崖山（廣東新會）。十二月二十日中午，文天祥在潮州海豐縣五坡嶺吃午飯。元將張宏范率軍自漳、泉入潮州，

水陸並進，突然掩擊至五坡嶺，宋軍猝不及防，即時潰散，文天祥被執，求死於搏鬥之中不可得，趁隙吞服「腦子」（冰片）亦不死。從此，開始了他生命的終點——俘虜歲月。

　　祥興二年（1279）正月，文天祥被羈押在張宏范船上，張宏范命寫信招降張世傑，文天祥拒絕：「我自救父母不得，乃教人背父母，可乎」？乃寫《過零丁洋》詩：「辛苦遭逢起一經，干戈寥落四周星。山河破碎風飄絮，身世浮沉雨打萍。惶恐灘頭說惶恐，零丁洋裡嘆零丁。人生自古誰無死，留取丹心照汗青。」[10]

　　張世傑在崖山海面以船構建成堡壘，結巨艦千餘艘，中艫外舳，貫以大索，四周起樓棚如城堞，將衛王昺大船處於中心。敵船來攻，艦隊堅固不動。艦身皆涂泥，又縛長木以拒火舟，故火船也不能延燒其艦。二月六日，元軍南北夾攻，以弓箭射火燒船，宋軍艦隊互相牽制不能自由行動。宋兵膽怯，指揮多失誤，大潰敗。衛王舟大，且諸舟環結，不得出走，陸秀夫背負趙昺跳海死，南宋朝廷的抗元鬥爭徹底失敗。文天祥目睹這場海戰，極端痛心，向南慟哭，為之詩曰：「南人志欲扶崑崙，北人氣欲黃河吞。……昨日南船滿崖海，今日只有北船在。……我欲借劍斬佞臣，黃金橫帶為何人？」[11]

2. 餘部抗元的悲壯事蹟

10　《文天祥全集》，卷一四，《指南後錄》卷一上。江西人民出版社，
　　一九八七年版，第534頁。

11　《文天祥全集》，第535頁。

各地跟隨文天祥抗元的豪傑志士，都留下了悲壯的犧牲事蹟。當時跟隨文天祥勤王死事者很多，《宋史・忠義傳》記錄事蹟的有十九人，他們是：吉水鄒灃，廬陵劉子俊、劉沐，龍泉（今遂川）孫實甫，永新彭震龍、蕭燾夫，寧都陳繼周，泰和蕭明哲、劉士昭，杜滸，樂安何時，贛州陳子敬以及蜀人張汴，太平州呂武，安豐軍鞏信，閩人林琦，蕭資，溫州徐臻，金應。

　　寧都尹玉，曾以捕盜功為贛州三砦巡檢，任滿以後居留贛州城中。他隨從文天祥勤王，至蘇州平江，遭遇元軍，大戰於伍牧。尹玉以贛州殘軍五百人殊死戰，手殺數十人，箭集於甲冑如蝟毛。終因無後援，力屈被俘。元兵以四槍挾在尹玉頸上，用挺擊打，他至死不屈。贛州餘兵猶夜戰，無一人投降。黎明後，生還者僅四人。

　　永新的抗元義軍，回到家鄉繼續抗戰，後失敗，被圍在縣城外禾水右岸的山崖路上，無一人屈膝投降，三千餘人全體跳進深潭。他們是劉、顏、張、段、吳、龍、左、譚八姓的剛烈子弟。後人稱禾水此處為「忠義潭」，建祠立碑紀念。

　　泰和縣針工劉士昭，與同伴王士敏計謀收復縣城，失敗。劉士昭刺手指以血書帛上：「生為宋民，死為宋鬼，赤心報國，一死而已。」書畢，以帛自縊。王士敏入獄，在衣裾上寫詩云：「此行無復望生還，一死都歸談笑間，大地皆為肝血染，好收吾骨首陽山」。他臨刑嘆曰：「恨吾病失聲，不能大罵耳。」[12]

12　《宋史》，卷四五四，《劉士昭傳》。《昭忠錄》所記與此稍異，如劉

興國縣鐘紹安，家住縣城北二里，嘉熙二年（1238）進士，官至上杭縣令。景炎二年（1277），文天祥率兵至興國，鐘紹安散家財招募裡中丁壯，得義兵八百餘人，相隨文天祥抗擊元兵。文天祥被俘時，鐘紹安欲自刎，獲救乃止。返回故里以後，悲憤不已，祥興二年（1279）病卒。

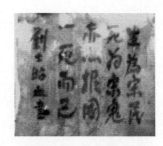

· 泰和針工劉士昭絕命詞

興國縣鄒嶧，招慕義兵從文天祥勤王，後回家結營寨於縣東一二〇里的衣錦鄉大坑山，累石為墉牆，築門隘三層。元軍以重兵攻破山寨，鄒嶧被俘。此後，興國縣百姓稱大坑山寨為鄒公寨，以資紀念。民眾對抗元志士致以深深的敬畏，即便是草寇竊賊，亦不侵犯，興國縣曾攀龍，嘗跟隨文天祥義軍抗元，因戰傷歸家，「寇相戒不入其境」[13]。

贛縣陳子敬，為鄉間富室，「以資雄鄉里」。文天祥義兵在汀州，他募集民兵屯駐皂口，控制贛江下流，與文天祥呼應，合謀攻打贛州。文天祥在興國空坑兵敗，子敬復聚兵屯黃塘寨，聯絡其他山寨，堅守不降。後黃塘寨遭元朝重兵襲擊，寨牆崩潰，陳子敬兵敗，不知所終。

分寧（今修水）黃介，率鄉兵抗元，激戰中面部中六矢仍不

士昭作「劉士超」。

13　同治《興國縣誌》，卷二十四，《人物二》。

退下，囑隨從「盡力勿走」。不久，他身上中箭如蝟，面頸復中十三矢，仍倚柵站立，死而不倒。

二　文天祥的浩然正氣

　　南宋士大夫多半苟且，他們的氣節卑下，素來受到批評。劉克莊曾說：「嗚呼！自渡江以來，南北分裂，而畏葸二字，遂為士大夫膏肓骨髓之病。」[14]生當末世的文天祥，一個文弱書生，率兵抗元，所表現的剛毅之行，堅貞之志，與卑下苟且者截然相反。他臨難勤王起兵，以勇銳的精神抗戰，屢仆屢起，明知不可為而為之。失敗被俘之後，依然抗爭，矢志不移。

　　祥興二年（至元十六年，1279）三月中，文天祥被押至廣州，四月下旬離開廣州北上，五月二十五日至南安軍（今江西大庾縣）。元軍為防備江西民眾劫奪文天祥，將他鎖在船中。[15]文天祥開始絕食，他預計到達盧陵需六七天，到時必死，

·北京府學胡同（文天祥關押在此三年）

14　劉克莊：《後村集》，卷三五，《祭杜子昕尚書文》。
15　《文天祥年譜輯略》作「始被鑰於船」；劉岳申《文丞相傳》作：「至南安始繫頸縶足。」

可以「歸正首丘」。然而仍未死。這時，吉州王炎午寫《生祭文》，促其自盡，不可苟且偷生。王炎午將此文張貼在贛州至隆興府南昌沿途碼頭、大路各處，希望文天祥能有機會看到。但文天祥處於元兵嚴密監控之中，沒有能夠讀到此文。六月初五，過南昌，經鄱陽湖入大江，十二日至建康。這次元軍押解文天祥經過江西地面竟然一路無事。十月一日至燕，關進兵馬司監獄，他有感而賦曰：「久矣忘榮辱，今茲一死生。理明心自裕，神定氣還清。」**16**

到了大都，元朝樞密院審問時，文天祥義正詞嚴地駁斥，精練地闡述了忠、義的思想立場。問：有何言？答：「為宋丞相，宋亡，義當死；為北朝所獲，法當死！何言？」忽必烈先叫恭宗趙㬎出來當說客，希望他遵君臣之道而投降。他一見恭宗即淚如雨下，邊哭邊說：「聖駕請回，聖駕請回！」既給了恭宗面子，又保持了自己的氣節。之後，又唆使文天祥已淪落樂坊與妓院的寵妾和女兒，前去乞求援助。他硬起心腸給女兒回信：「阿爹救不得。」

文天祥在獄中以「浩然正氣」戰勝污穢的空氣、囂張的敵氣、卑污的屈降奴氣，「以孱弱俯仰其間」，二年而無恙。他在獄中寫《吟嘯集》、《集杜詩》，回顧歷史，宏傳忠臣義士壯烈情懷；寫《正氣歌》長詩以明志，其略曰：

「浩然者，乃天地之正氣也」，「天地有正氣，雜然賦流形。

16　《指南後錄》，卷二，《文天祥全集》第 574 頁。

下則為河岳，上則為日星，於人曰浩然，沛乎塞蒼冥……是氣所磅礴，凜烈萬古存。當其貫日月，生死安足論！地維賴以立，天柱賴以尊。三綱實系命，道義為之根。……」

至元十九年（1282），降官王積翁等轉達元世祖的勸降意向，文天祥覆書曰：「諸君義同鮑叔，而天祥事異管仲。管仲不死，而功名顯於天下；天祥不死，而盡棄其平生，遺臭於萬年」。王積翁等知不能屈天祥，奏請釋而優禮之，「以為事君者勸」。正是看到文天祥的忠義氣節，有「為事君者勸」、可以「昌世教」的價值，元世祖命兵馬司給予好飲食。文天祥轉告王積翁：「吾義不食官飯數年矣。」──怎能數年不食官飯？原來有個廬陵義士張宏毅，別號「千載心」，當年「天祥闢為幕僚，不就。及天祥被執，宏毅曰：『丞相赴北，吾當偕往』。至大都，館於天祥囚所之側，日饋食，凡三年，終始如一」。[17]

十二月初八日，元世祖忽必烈問文天祥：「汝以事宋者事我，即以汝為中書宰相」。文答：「天祥為宋狀元宰相，宋亡，唯可死，不可生。」「汝何所願？」「願與一死，足矣！」再一次明確表達了以身殉國的意願。當時各種謠言蜂起，例如福建僧進言：「十一月土星犯帝座，疑有變」。又，中山府有人聚眾數千，聲言要來取文丞相。又有傳單曰：「兩衛軍盡足辦事，丞相可以無憂」；「先燒城上葦子，城外舉火為應。」等等。這時，左丞相阿合馬被盜殺死。──謠言與現實形成一股合力，促使忽

17 《新元史》，卷二四一，《隱逸・張宏毅》。

・文天祥紀念館

必烈改誘降為殺戮，立即消除潛在的政治對手。

第二天，文天祥從容走向刑場（今北京市宣武區菜市口西），南向再拜而就死。現場「南人留燕者，悲歌慷慨相應和，更置酒醑丞相，更相慰賀。有十義士收屍葬於都城外，面如生」。兵馬司收檢文天祥遺物，得所為詩文，「觀者咸烏咽感慟。有得其絲履，保藏之」[18]。後人在其衣帶上發現遺言：「孔曰成仁，孟云取義，唯其義盡，所以仁至。讀聖賢書，所學何事？而今而後，庶幾無愧！」

文天祥是中華民族的英雄，得到了各族人民的共同景仰。他「留取丹心照汗青」，永遠是中國人民效法的榜樣。

18　胡廣：《丞相傳》，《文天祥全集》卷十九，附錄一。

第三節 ▶ 謝枋得等的抗元鬥爭

一 組織忠義民眾，在饒信之間抗元

謝枋得（1226-1289），字君直，號疊山，信州弋陽人。為人豪爽，性好直言，胸懷大志，與人論及古今治亂、國家興亡之事，必跳躍自奮，以忠義自任。其父謝應琇教他讀辛棄疾奏稿，他欣然以愛國節操自勵。寶祐四年（1256）五月，舉進士，因廷對時指斥丞相董槐、宦官董宋臣及權奸丁大全，被壓抑，置為第二甲第一名。命為撫州司戶參軍，不赴任。第二年，復參加教官考試，中兼經科，除建寧府教授，他還是不去。

開慶元年（1259）十月，枋得不忍坐視國家危難，動員鄧、傅二社諸大家族，得民兵兩千餘人起義，其妻李氏拿出家產妝奩資助軍費。十一月，江東西宣撫使趙葵薦辟謝枋得為宣撫司幹辦公事，並撥給錢米，令團結民兵，防守饒州、信州、撫州。他招募得義軍萬餘人，自己又出錢萬緡以供給養，駐在信州。不久，朝廷命為禮兵部架閣。

景定五年（1264）九月，謝枋得在建康府考試生員，摘賈似道政事為題目，並言權奸誤國，「（元）兵必至，國必亡」[19]。江東轉運使陸景思將其稿交給賈似道，於是被判三條罪：居鄉不法、起兵時冒破官錢、訕謗朝廷，追奪兩官，謫居興國軍。他在貶所著書講學，因住地之山而自名「疊山」。咸淳三年（1267）

十二月，獲得赦免，放歸田裡。他居家閉門講學，足跡不及權門，深得鄉民信賴。民有爭執，必找他評理調解。賈似道知其有才，欲牢籠他，召去史館任職，他說：「似道餌我也」。不赴。

德祐元年（1275），命謝枋得為史館校勘，又命為秘書省著作郎兼權司封郎，在信州團結軍民，準備抗元。十一月，又命為江南東路提點刑獄、江西招諭使、知信州，召集軍隊，在饒州、信州、撫州一帶抗擊元軍。謝枋得起兵安仁（今余江縣），命安仁進士陳學心駐守。與此同時，豐城人雷宜中響應文天祥號召，在本地起兵勤王，沒有同去臨安，就近與謝枋得配合抗元，「固守嶺嶠」，遇元軍騎兵，力戰而死。

安仁縣陳牽，咸淳元年和父親同時舉進士，德祐元年秋，陳牽授南安軍教授，不就。謝枋得起兵安仁，召陳牽進入幕府。他捉來縣令李景，他們二人同裡，李景請求以家財二萬贖罪，陳牽不同意，說：「普天之下，莫非王土。家財獨非朝廷錢耶？」聲討李景之罪，斬之。李景兒子率鄉民五千報怨，陳牽敗走信州，駐紮上饒縣火燒山。數月後為元軍打敗，與弟陳年同時被俘，押至南昌，陳牽逃脫，陳年被殺。三年後，陳牽再次起兵，戰敗，退入積煙山，自剄死。陳牽著有《鶴心集》（已佚），其詩多譏刺當時士大夫。

聚集在謝枋得麾下的忠義人士，還有淮右[20]人張孝忠，他召

20　此據同治《貴溪縣誌》卷六之三《職官・名宦》所載錢邦偉《請祀張孝忠申文》。同治《餘干縣誌》卷十二《人物二・忠義》作湖廣道州

集抗元義兵數百人，輾轉來到信州，謝枋得授以帳前提點。餘干人章如旦，咸淳七年（1271）進士，秉性倜儻，得悉呂文煥降元，悲泣而不食者三日。他邀約安仁陳陽，一起投奔謝枋得。枋得和張孝忠等人曾想去弋陽朱神廟占卜吉凶，章如旦阻止，曰：「今國家大勢如此，為臣子者盡忠而已，又何疑哉」！

原江州守將呂師夔，與謝枋得有舊交，投降元軍之後，於十二月向信州索要衣糧，謝枋得斷然怒斥，出榜云：「信州米留供太皇太后、皇帝御膳；信州絹，留供太皇太后、皇帝御衣。平生朋友，遂爾暌離，一旦相逢，唯有廝殺」！[21]

景炎元年（1276）正月，元兵在呂師夔、武進率領下，進攻江東地區，饒州降。謝枋得率兵抵抗，走入安仁（今餘江），調張孝忠等在安仁團湖坪血戰，矢盡，孝忠揮雙刀擊殺元兵百餘人。元軍繞出孝忠後，眾驚潰，孝忠中流矢死。同時戰死者還有部將章如旦、黃萬全，安仁守將陳學心，門生臨川人李天勇等。謝枋得退奔上饒，於七月間進攻鉛山縣，先勝後敗，遂退入福建境內。

在此期間，先後抗戰不屈的忠義志士還有：謝君禹，枋得之兄，與元兵戰於九江，被俘不屈，斬於市。謝徽明，枋得伯父，為富陽縣尉，抵抗元兵，戰死，其子君恩、君賜上前抱住父屍，也被殺。進賢羅一理、羅起潛兄弟，響應謝枋得起兵，被擒，遭

人；光緒《江西通志》卷一三一《宦績錄・廣信府》作道州人。

21 （宋）佚名：《昭忠錄》。

腰斬。臨刑時，起潛對兄曰：「今日得死所矣」！弋陽王震叔，號召民眾起兵，響應謝枋得抗元，被擒，在獄中打碎飯碗，以瓷片割喉而死。婺源程楚翁，散家財組織隊伍，謀收復縣城，事洩被捕，後逃脫，前往福建，追隨謝枋得。

弋陽縣群眾在謝枋得兵敗之後，依然堅持抗元，英勇不屈，「有力戰誓死者，有捐生赴難者，贊慰成仁者」[22]。聽不到埋怨之聲，沒有人幫助元兵搜山，只見從容就義的壯舉。

二 孤身逃隱福建，矢志不降

謝枋得武裝抗元失敗後，換衣服變姓名，孤身逃往福建。元兵為追捕枋得，將其八十三歲老母桂氏拘來逼問，桂氏曰：「老婦今日當死，不合教子讀書知禮義，識得三綱五常，是以有今日患難。若不知書，不知禮義，又不識三綱五常，那得許多事！老婦願早死！[23]」她巧妙地從反面闡明忠義立場，語言從容，略無愁嘆之意。元兵對她毫無辦法，遂放了她。謝枋得妻李氏，躲避元軍追捕，攜二子（熙之、定之）藏匿貴溪縣山中，採草木而食。景炎二年（1277）冬，元兵至貴溪山中搜捕，聲言「苟不獲李氏，屠而墟」。李氏為了不連累鄉民，挺身而出。於是，李氏母子三人以及女兒、枋得弟、侄等皆被捕，囚於建康宣慰司獄中。其弟受辱不屈，元官詰問枋得所在，他不答，遂被殺。李氏

22　《謝疊山先生外集》，卷八，附錄・楊時喬《謝疊山先生祠堂記》。
23　盛如梓：《庶齋老學叢談》，卷中上。

風姿沖麗，宣慰使欲納為妻，李氏前一夕同女兒及二婢俱縊死。

元軍在追捕謝枋得之時，大肆迫害其親屬，致使枋得伯侄兄弟死者五六人。從弟謝君舉為了躲避殺戮，保全宗族，「負祭器譜牒，北走大麓之野」，攜家眷隱居深山老林。

謝枋得開始隱居在建陽唐石山，一身麻衣草履，時而東向哭泣，路人不認識他，以為是病了。不久又轉入蒼山等處，不停地逃竄於崎嶇山谷間，擺脫了元軍的追捕。

崖山海戰結束之後，形勢逐漸平穩，元世祖更著重政治策略，攏絡江南士大夫，開始有條件地選擇起用。對已經孑然隱居的反抗者，減少追捕屠戮，至元二十一年（1284）正月乙卯，宣布大赦天下。謝枋得當時對人說：「某亦在恩赦放罪一人之數。」[24]從此以後，他住在建陽縣的茶阪，在建陽驛橋設卜肆，榜曰「依齋易卦」。凡來卜卦的，只收取米、履，藉以維持生活。周圍民眾不論是小兒、賤卒，都已知道他的真實身分。以後又被人請去教子弟讀書。不久，移居建陽縣後山堂。

這期間，謝枋得穿行於贛閩之間，曾去拜訪武夷山中的理學家熊禾，兩人「抱持而哭曰：『今天下皆賊也，不為賊，足下與我耳！』留數月，不忍別。」[25]癸未年（1283）他在旅途中結識

24　《謝疊山全集校注》，卷一，《上丞相留忠齋書》，華東師範大學出版社，一九九四年版，第8頁。

25　《宋史翼》，卷三四，列傳第三四《遺獻》一：「熊禾，字去非，建陽人，咸淳十年（1274）進士，授汀州司戶參軍。宋亡不仕，築室云門山，四方來學者云集。」

了朱熹曾孫朱泳道，發現此人「無一點江南時文氣習，遂為莫逆交，每歲或一相會。」他在「武夷訪九曲，龍虎訪仙岩」，反思抗元經歷，表示自己「扶世衛道之志，不可泯也」。

至元二十三年（1286）二月，集賢直學士程文海向元世祖說：「省、院、諸司皆以南人參用，唯御史台按察司無之。江南風俗，南人所諳，宜參用之，便」。三月，派程文海與行御史台官出使江南，在各地「博采公潔知名之士」。這次程文海推薦了謝枋得等二十二人（一作三十人、又作三十二人），但枋得堅辭不起。二十四年（1287），元朝再次派官員到江南搜訪賢才，謝枋得仍被列首位，他還是堅決謝絕。

二十五年（1288）四月，江淮行省丞相忙兀台奉旨徵召謝枋得，又拒絕。江浙行省參知政事管如德奉命搜求江南人才，禮部尚書留夢炎又推薦謝枋得，依舊拒絕。他寫信正告留夢炎：江南無人才，「今吾年六十餘矣，所欠一死耳，豈復有他志哉」！終不行[26]。同時，他在《上丞相留忠齋書》中提出整頓吏治，希望轉達管如德，「移關諸道、路、縣及道弁司，不得縱容南人貪酷吏多開騙局，脅取銀鈔，重傷國體，大失人心」。福建行省參政魏天祐見朝廷急於求得人才，欲薦枋得以為功，派人來勸說。枋得罵曰：「天祐仕閩，無毫髮推廣德意，反起銀冶病民，顧以我輩飾好邪？」這時的謝枋得，將保持個人節操，和關注民生疾苦並列，對元朝統治的態度已經適度調整。

26　《宋史》，卷四二五，《謝枋得傳》。

九月初，魏天祐奉命強制押送謝枋得去大都，這是第五次徵聘他，枋得知不可免，自九月十一日離開嘉禾（建陽縣改名），即不食煙火（菜飯），只食蔬果，以死自誓。他寫《北行別人》曰：「雪中松柏愈青青，扶植綱常在此行。天下豈無龔勝潔，人間何獨伯夷清。義高便覺生堪舍，禮重方知死甚輕。南八男兒終不屈，皇天上帝眼分」。

　　二十六年（1289）四月初一，到達大都，此後完全絕食，他對元朝的魏參政說：「大元制世，民物一新；宋室逋臣，只欠一死」，「某願一死全節久矣，所恨時未至耳」。你們將我「縲紲而到大都」，又派「吏卒十餘人及坊正屋主監守，豈不憂某之逃走耶！某是男兒，死即死耳，不可為不義屈，何必逃走。大參相公憂慮亦太勞矣！」他斷然表態：忠臣不事二君，某義不出仕，唯願速死！[27]館伴者威嚇他說：此是文丞相斫頭處。枋得不為所動，並自豪地說：「當年集英殿下賜進士第幸同榜，今復得從吾同年游地下，豈非幸耶」。謝枋得問謝太后殯葬之所及瀛國公（即恭宗）所在方位，再拜慟哭。已而病，留夢炎派醫生送藥和米湯來，枋得怒曰：「吾欲死，汝乃欲生我邪？」棄之於地。四月初五，終因長期絕食，離開人世。

　　謝枋得畢生堅貞剛正，決不枉道隨人。當宋元更代之際，捐生完節，與文天祥殊途同歸。其人生歷程坎坷，入仕二十一年，居官不滿八月。晚年學辟穀養氣二十載，臨終時貧困無物，囊中

所藏，唯有宋朝告身。殯葬之際適逢呂師
夔在京，他念舊交情誼，為謝枋得備辦衣
衾棺槨，暫時安厝在大都文明門外。當年
八月，門人李思衍與謝昌元出資捐助，由
枋得次子定之護靈柩歸弋陽。第二年九
月，葬於玉亭鄉龔原（今弋陽縣南港口鄉
上坊行政村和下坊自然村宋山坡上），門
人私謚曰「文節先生」。

・弋陽謝枋得畫像

枋得力學六經，貫通諸子，文章偉
麗，不襲陳言，他寫的《卻聘》一文，廣為流傳，「雖鄉塾童
孺，皆能誦而習之」。主要著作有《易詩書三傳》、《四書解》，
又編《文章軌範》，其雜著詩文原本六十四卷，後多散佚，《四
庫全書》本《疊山集》僅有五卷。其書法筆力勁健，凜然有生
氣。

枋得之女葵英，出嫁安仁縣（今余江縣）周銓，早寡無子，
得知父母先後殉國，遂變賣全部家產，在所居之安仁縣金竹源建
造石橋，橋成，葵英跳水死，二婢亦投水自盡。鄉人哀而感其
義，名橋為「孝烈橋」。

在宋元更替劇變之際，不少士人秉持忠義氣節，抵制元朝統
治，例如：

胡次焱（？-1306），字濟鼎，號梅岩，婺源人，咸淳四年
（1268）進士，授湖口縣主簿，改貴池縣尉。德祐元年（1275）
元軍打過長江，他微服逃歸，在鄉里教授生童以終。胡次焱懷念
宋朝，不為元朝官員。他以中年喪夫的寡婦自況，拒絕媒婆勸誘

改嫁，在《嫠答媒》中申述「理義」，鄙棄「物慾」誘惑，寧貧、寧賤、寧凍、寧餓，「終不以快樂而易此憂煎」，表達自己的忠貞節操。

李謹思，字明道，號養吾，餘幹人，咸淳中試禮部釋褐第一，入元卒。謹思崇敬文天祥，以其浩然正氣鞭撻屈膝投降之輩，他在《題文丞相吟嘯集》說：「南人不識兩膝貴，曲折百態卑且勞。斯人護膝不護頭，故以頸血沾君刀。……乃言興廢在爾不吾與，吾死吾主吾焉逃。魯叟聞言拍手笑，斯人六經為骨為皮毛。斯人卷取六經去，空將贗本傳兒曹」。[28]

28 《宋詩紀事》，卷七六。

江西文庫 A0701A14

江西通史：南宋卷　第一冊

主　　編	鍾啟煌
作　　者	許懷林
責任編輯	楊家瑜

發 行 人　陳滿銘

總 經 理　梁錦興

總 編 輯　陳滿銘

副總編輯　張晏瑞

編 輯 所　萬卷樓圖書股份有限公司

排　　版　菩薩蠻數位文化有限公司

印　　刷　百通科技股份有限公司

封面設計　菩薩蠻數位文化有限公司

出　　版　昌明文化有限公司

桃園市龜山區中原街 32 號

電話 (02)23216565

發　　行　萬卷樓圖書股份有限公司

臺北市羅斯福路二段 41 號 6 樓之 3

電話 (02)23216565

傳真 (02)23218698

電郵 SERVICE@WANJUAN.COM.TW

大陸經銷　廈門外圖臺灣書店有限公司

　　電郵 JKB188@188.COM

ISBN 978-986-496-186-3

2018 年 1 月初版

定價：新臺幣 300 元

如何購買本書：

1. 轉帳購書，請透過以下帳戶

　合作金庫銀行　古亭分行

　戶名：萬卷樓圖書股份有限公司

　帳號：0877717092596

2. 網路購書，請透過萬卷樓網站

　網址 WWW.WANJUAN.COM.TW

大量購書，請直接聯繫我們，將有專人為您

服務。客服：(02)23216565 分機 610

如有缺頁、破損或裝訂錯誤，請寄回更換

國家圖書館出版品預行編目資料

江西通史 南宋卷 / 鍾啟煌主編.-- 初版. --

桃園市：昌明文化出版；臺北市：萬卷樓

發行, 2018.01

　冊；　公分

ISBN 978-986-496-186-3(第一冊 ： 平裝). --

1.歷史 2.江西省

672.41　　　　　　　　　　　107001898